Bernd Lübcke • Wer rastet, der rostet

BERND LÜBCKE

Wer rastet, der rostet

Notizen einer Odyssee ohne Rückfahrkarte

FRIELING

Bibliografische Information der Deutschen Nationalbibliothek
Die Deutsche Nationalbibliothek verzeichnet diese Publikation in der Deutschen Nationalbibliografie;
detaillierte bibliografische Daten sind im Internet über http://dnb.d-nb.de abrufbar.

Eine Marke der Frieling & Huffmann GmbH & Co. KG
Rheinstraße 46, 12161 Berlin
Telefon: 0 30 / 76 69 99-0
www.frieling.de

ISBN 978-3-8280-3725-0
1. Auflage 2022
Auch als E-Book erhältlich (ISBN 978-3-8280-3726-7).

Bildnachweis: Archiv des Autors, pixabay

Printed in Germany

INHALT

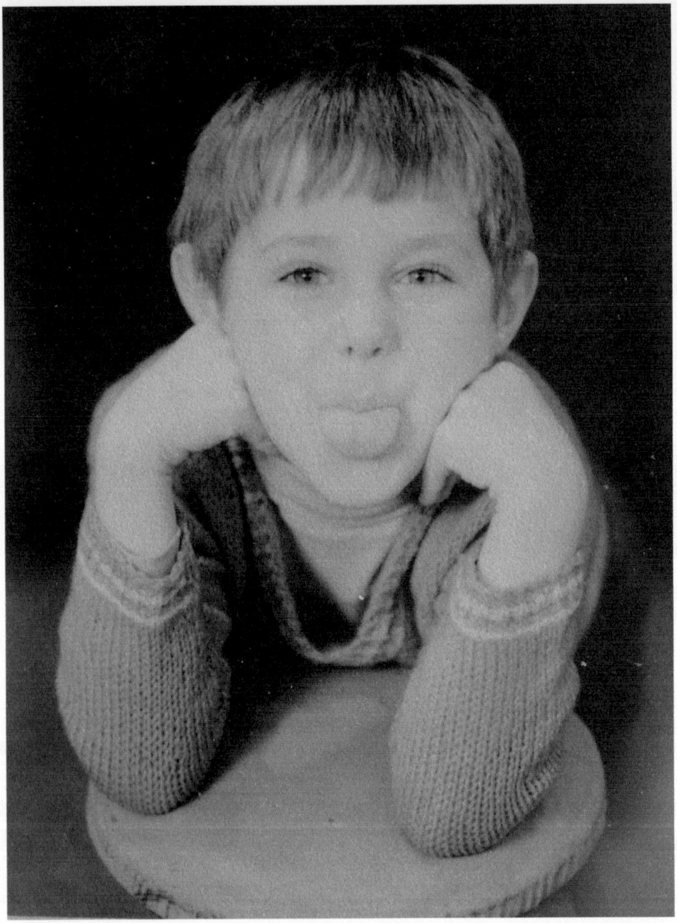

Die ersten Jahre

Am Anfang stand das Chaos … 1961, der Kalte Krieg in Blütezeit, die Berliner Mauer wird gebaut, Gagarin sieht erstmals die Welt aus dem All und ich erblicke auf dem Gipfel der Geburtenwelle als bajuwarischer Insulaner auf der Insel Lindau das Licht derselben!

Die ersten Jahre prägen wohl meine Liebe zur Bewegung in der Natur. Erst wohnen wir zur Untermiete in einem Zimmer bei einer alleinstehenden Haushälterin des örtlichen Pfarrers mit Ziegenstall und Kachelofen in der Stubenküche als einziger Wärmequelle am Rande eines Dorfes.

Dann ebenfalls nahe Ravensburg, im ersten Stock eines Bauernhofes mit allem Viehzeug, das dazugehört. Dort gehen anfängliche Gehübungen schnell ins Sprinten über, zwecks Wettlauf mit frisch geköpften Hühnern über den Hof. Die Bäuerin hat einen Riesenspaß, ich auch. Mit vier Jahren fahre ich dann auch meinen ersten Traktor. Nein, nicht den Kindertraktor, einen richtigen mit Heuwagen hintendran bei der Heuernte übers Feld! Zumindest bis ich besagten Traktor eher ungeplant im Wassergraben parke. Zielgenau, immerhin, doch es diente nicht zwingend der Erbauung des Bauern. Das Leben war einfach und voller Wunder.

Danach geht's 66 nach Tettnang, ruhige Gegend, liebe Nachbarn und der Bewegungsdrang manifestiert sich in stundenlangen Radtouren durch Wiesen und Felder bis tief in die Winter, in denen dies durch wiederum stundenlanges Skifahren ergänzt wird. Frisch gezapfte Milch gibt‘s täglich vom Bauern gegen Stallausmisten, und Haarefegen im Friseursalon erleichtert mit acht Jahren bereits die Finanzierung des Traumrades – ein rechter Renner, der Hobel!

Als dann der „Mann im Haus“ dieses auch noch wieder verlässt, ist das für Muttern Freiheit mit Härtegrad, für die kleine Schwester wohl ein Schock und für mich die Erlösung schlechthin. Der Entwicklung der Selbständigkeit steht fortan wenig im Wege.

Rad- und Skifahren werden flotter, Mutters Fahrweise mit ihrem ersten Auto, einem Renault 8, ebenfalls, doch der Durchbruch zum „Rausch der Geschwindigkeit“ kommt in Gestalt des Porsche 356 Super 90 ihres neuen Freundes Hans im Jahr darauf. Mit neun ist der die Kulmination meiner Vorstellung von einem Traumauto. Ich kann gar nicht genug bekommen. Selbst hinten auf den Notsitzen, ständig zwischen „Muss ich Reihern oder will ich mehr?“ durch die Alpen schwebend, hat sich damit der Hang zum Kurvenfetzen festgesetzt. Schwesterherz fand es weniger lustig, wohl auch bis heute!

Wie auch immer, kein Paradies hält auf ewig, was wir mit dem Umzug 1970 nach Heilbronn dann auch feststellen. Alleinerziehend mit zwei Kindern und Vollzeitjob ist kein Zuckerschlecken und ohne Kita etc. noch weniger als heute.

Also springt die Oma ein, uns tagsüber zu ernähren, daher der Umzug. Der Anfang ist schwer, Wohnung an lauter Hauptstraße und Klassenlehrer heißt „Hempel“, ehrlich jetzt – mit allen Attributen, die dazugehören, inklusive schwerem Schlüsselbund zum Schmeißen! Dementsprechend entwickeln sich meine „Leistungen“, grins!

Doch wir sind schließlich flexibel und die Partys der Hausgemeinschaft, meist im Hausflur beginnend, entschädigen für einiges. Bis die Jungs mir beim Frühschoppen einige Gläser Schnaps ausgeben. Da ich keine Reaktion beim Trinken zeige, muss man das schließlich nochmal sehen, nicht wahr. Mutters Begeisterung hält sich in Grenzen, als mir dann beim Mittagessen der Mund aufklappt und mein sonst eher einschiebendes Wesen ins Gegenteil umschlägt. Na ja, vorübergehender Rückschritt aus der „Selbständigkeit“.

Wohl nicht nur um weiteren Eskapaden vorzugreifen, ziehen wir ein Jahr nach Einzug wieder aus. Die neue Bude „Auf der Schanz“

ist wesentlich ruhiger, doch beherbergt uns auch nur kurz, bis wir dann in der finalen Unterkunft in der Nähe ankommen. Mittlerweile mache ich auf dem Umweg über die Hauptschule (Lehrer Hempels Erbe) mit fast zwölf meine Aufwartung in der Realschule, der ich bis zum Abschluss dann auch treu bleibe.

Nicht zuletzt wohl auch, da sie das genaue Gegenteil des Hempel(-mannes) ist, wird eine bildhübsche junge Chemielehrerin mein erklärter Schwarm, sobald ich den Geschmack für das andere Geschlecht zu entwickeln anfange.

In diese Zeit fällt auch die Entdeckung meiner Liebe für die große, weite Welt. Der erste Flug nach Spanien mit dreizehn endet zwar mit schwerer Ohrenentzündung, da am Strand von Torremolinos die Hinterlassenschaften aller Gäste den „Freischwimmer" üben, doch die Wurzel ist gepflanzt.

Mit sechzehn geht's mit Schulfreund Harry nach Dublin, eine Familie besuchen, deren Mama wir in Heilbronn beim Jobben in seines Papas Kneipe kennenlernten. Und wie der Zufall es so will, Familienoberhaupt in Dublin ist Direktor in der Guinness-Brauerei – was eine Firmenführung und vor allem das Probetrinken danach … seither liebe ich originales Guinness in Irland und hasse es im Ausland. Für den heimischen Markt wird noch immer in Holzfässern gebraut, schmeckt komplett anders als aus Stahlbottichen. Einfach lecker!

So lecker, dass ich im Sommer drauf gleich nochmal hinfliege, diesmal alleine. Der eigentliche Spaß fängt jedoch erst beim Rückflug an. Bei Ankunft im Zwischenstopp-Airport Gatwick bei London schlägt der dortige Fluglotsenstreik voll zu. Der Flughafen ist gesteckt voll mit gestrandeten Reisenden, die überall herumliegen. Heathrow sieht ähnlich aus, also soll ich in ein Hotel in der Stadt, von wo es mit dem Bus nach Stuttgart weitergehen soll. Bei Ankunft in besagtem Hotel lungert eine Rasselbande junger Fußballfans aus Liverpool an der Bar herum. Ich drücke es mal so aus: Bis zur Abfahrt um zwei Uhr nachts bin ich gut drauf, belege die

Rückbank besagten Busses mit einer schnuckeligen jungen Dame und wir genießen die fast 24-stündige Fahrt beim Kuscheln und noch mehr Bier! Reisen wird immer interessanter!

Kaum sechzehn, schlägt auch die nächste Leidenschaft tiefe Wurzeln:

MOPEDFAH'N!

Bis dahin auf dem Rennrad gibt's nur ein klitzekleines Problem. Das Einzige, was ich mir leisten kann, ist ein gut gebrauchtes Puch-Maxi-N-Mofa, das mit den originalen 25 km/h langsamer als das Rad ist. Geht gar nicht! Damals schon auf dem Trip, dass es ja eigentlich keine Probleme, sondern höchstens Herausforderungen gibt, kommt die Lösung alsbald in Gestalt von Kolbenfenster, vergrößertem Einlass und aufgesägtem Krümmer, die den Zweitakter ruckzuck auf 70 bringen. Na also, nu geht das!

Geht auch so lange gut, bis ich unsere Freunde und Helfer im Zivilwagen (wie gemein!) in der Stadt auf dem Weg zur Schule versäge. Mögen die nicht!

Mein Klassenlehrer ist der Hammer – nach kurzer Schilderung der Misere darf ich mit Kumpel bis zur 10-Uhr-Pause heim, Kiste zurückbauen und beim Nachschultermin den ungläubig reagierenden uniformierten Freunden ein originales Mofa vorführen. Vergesse ich ihm nie!

Sturm-und-Drang-Zeit

Mit siebzehn fange ich an, nicht nur gesteigerten Wert auf das andere Geschlecht zu legen, sondern mir auch Gedanken über meine Zukunft zu machen, was in eine Lehrstelle als Industriekaufmann bei der Siemens AG in Stuttgart mündet. Nicht weil ich weiß, was das ist, sondern eher weil mir einerseits kein besserer Job einfällt und mir andererseits da schon klar ist, dass ich definitiv die Welt sehen will und diese Kombination ein möglicher Weg dazu ist.

Warum man ausgerechnet mich von 240 Bewerbern auf eine von zwölf Stellen erwählt, gehört wohl eher ins Land der Mythen. Wie auch immer, ab dem 1.9.79 müssen die mich aushalten.

Lehrjahre sind keine Herrenjahre, stimmt! Doch nichts hindert einen daran, sie sich angenehm zu gestalten, oder? Nicht zwingend geplant, doch perfekt getimt kommt Claudia, die hübsche, feurige, zierliche Sizilianerin, in Gestalt meiner ersten (fünf Jahre älteren) Ausbilderin in Reichweite. Hals über Kopf verknallt ziehe ich alsbald bei ihr ein, was neben drastischer Reduzierung meines täglichen Weges zur Arbeit vor allem in teils äußerst turbulenten emotionalen Berg-und-Tal-Fahrten mündet. Na ja, es hält bis fast ans Ende der Lehre und ist definitiv nie langweilig!

Und dann sind da am Ende noch die sechs Wochen Werksausbildung in Berlin. Vom Schlafplatz im Kneipengarten bis zum Hippiegirl im dritten Hinterhof mit Zwischenstockklo wird alles ausprobiert, was nicht schnell genug flüchtet.

Kaum achtzehn, kommt dann auch der Führerschein. Muttern nimmt mit steigendem Entsetzen meine Vorliebe für schnelle Mopeds wahr und bietet mir listig und im Wissen meiner finanziellen (Un-)Möglichkeiten einen Deal an. Sie gibt mir 800 Mark, um den Autoführerschein zu machen, vorausgesetzt ich mache nicht den Motorradschein. Was soll ich sagen, das Moped-Feuer im Blut gewinnt den internen Disput und ich finde einen Fahrlehrer, der mir beides bei absoluten Minimumstunden für 840 anbietet. Gesagt, getan, 40 Mark kann ich mir leisten und was sie nicht weiß … Schande über mein Haupt!

Mangels Geld ist ein größeres Moped sowieso erst mal unter „Traum“ abgebucht, also nehme ich meinen ersten und bis dato (fast) einzigen Kredit auf, um mir eine gelbe gebrauchte Ente (Citroën 2CV) zu gönnen. Offenes Dach, cooler Stil (den ich innen dann auch gleich mit schwarzem Plüsch fokussiere) und alte Turnschuhe auf den Höckern der vorderen Stoßstange, fertig ist das Playmobil. Erster Trip, einen Monat später mit Schwesterherz nebst Herzblatt sowie Kumpel Jogi ab nach Italien. Ich bin der einzige Fahrer und fahre die erste Nacht gleich durch. Doch wir haben diverse Dispute, die uns drei Tage später (Heilbronn – Piombino – Heilbronn) wieder zuhause sehen. Danach kann ich dann wenigstens einigermaßen fahren!

Am Tag, als Claudi Schluss macht, fahre ich heim zu Muttern und – finde sie in Tränen. Hans hatte nach rund zehn Jahren anscheinend dieselbe Idee und wir trösten uns gegenseitig. Bald darauf ist die Lehre fertig und ich werde im Januar 1981 ausgerechnet nach Heilbronn versetzt, also wieder kurzer Weg zur Arbeit, bin ja wieder zuhause.

Meinem ersten Chef Andreas werde ich seiner Aussage nach kryptisch wie folgt angekündigt: „Er ist gut, doch irgendwie komisch und schwer zu bändigen.“ Was eine Ansage! Andreas nimmt's locker, er ist cool drauf!

Muttern fällt dann zwangsweise aus allen Wolken, als plötzlich im Frühjahr eine Yamaha XS 750, auf 900 ccm aufgebohrt, vor der Tür steht. Nun in Lohn und Brot und mittels einer kleinen Erbschaft kann ich einfach nicht mehr an mich halten. Ihre Reaktion war klar und aus ihrer Sicht logisch: Du musst ausziehen!

Logo, dann kann ich mir die Kiste nicht mehr leisten. Weiß nicht mehr wie, doch ich kann den totalen Gau abwenden und tausche die angeschlagene Dreizylinder gerade zwei Monate später in eine Kawasaki Z 1000 ST mit Kardanantrieb und Vollverkleidung um.

Muttern war gerade auf Kur. Als sie zurückkommt und ich ihr eröffne, dass der 280 kg schwere Riesenelefant unten im Hof der neueste Familienzuwachs ist, ist sie direkt fällig für die nächste Kur. Meine damaligen 52 kg Gegengewicht waren da wohl nicht wirklich überzeugend. Jup, arme Mullemaus hat schon was mitmachen dürfen.

Doch mal kurz unter Gebetsbrüdern – die Kiste mit mir Federgewicht obendrauf schafft 225 km/h und auf der damals noch aus der Hitlerzeit stammenden Betonplattenautobahn (Heilbronn – Stuttgart) hebt das Hinterrad bei jeder gröberen Nut zwischen den Platten regelmäßig ab (Drehzahlmesser ab ins Rote). Nur über die Geschwindigkeit zwischen ca. 195 und 200 muss man schnell kommen, da fängt sie an zu schlingern. Anfang der 80er der absolute Wahnsinn, die Kiste!

Im Herbst 82 ist es dann so weit, Versetzung nach Ulm, endlich die erste eigene Bude. Mein 26-qm-„Wohnklo" hat Weinkisten an der Wand als Regale, sechs strategisch verteilte Autolautsprecher für den rechten Ton und die Einrichtung stammt vom Sperrmüll oder aus dem Wald (selbstgemachter Wurzelstock als Tisch). Zum Kühlschranköffnen muss ich aus der Küche austreten, kein Platz, doch – Freiheit! Hm, nicht ganz, da ich im Sommerkroatienurlaub Luisa aus Mailand intensiver kennenlernte, die ich dann dort mit der Kawa auch absetze. Im November eröffnet sie mir, dass sie nach Ulm kommt, um Deutsch zu lernen. Freiheit schon wieder ade? Keine Chance, ich hab Blut geleckt, also geht das in meinem kleinen Einzimmerwohnklo nicht lange gut.

Überhaupt, das Reisen. Das Konto war vor allem durch die Mopeds (alle 3000 km neuer Hinterreifen – aua!) regelmäßig bis spätestens August leer. Das bis November entstandene Loch musste dann im Winterschlaf durch billigst verfügbare Aldi-Ernährung mit Hansapils und Feuertopf ausgeglichen werden.

Mangels Masse wird der Drang nach draußen im Sparmodus verwirklicht, doch raus geht es, keine Frage! 1983 mit der Ente nach Schweden. Zwei Autos, vier Mann und jede Menge Biervorrat dabei – na ja, der ist nach ein paar Tagen weg und dort sprengt der erste Einkauf schon weidlich das Budget.

Geläutert und noch knapper geht's 84 mit der Bahn über Jugoslawien (Grenzer: „Dein Pass ist seit sechs Monaten abgelaufen!") nach Griechenland (Ad-hoc-Plan, den Pass im Deutschen Konsulat in Thessaloniki zu verlängern, war okay mit den Jungs! Deutscher Konsul: „Wie sind Sie denn hierhergekommen?") und in die Türkei. In Thessaloniki kann man einen Pass noch mit der Schreibmaschine verlängern. Flexibel muss man sein!

In der Türkei erlebe ich das erste Mal, wie Menschen reagieren, wenn man alleine unterwegs ist – unglaublich gastfreundlich, hilfsbereit und einfach offen! Ein alter, gebrauchter US-Army-Schlafsack ist genug, geknackt wird am Strand (der ist damals noch nicht verbaut), in Feldern, Höhlen und was ich sonst so finde. Per Bus und Anhalter geht's am Mittelmeer bis fast nach Syrien und über Zentralanatolien und das Schwarze Meer zurück. Unvergessen und bei vier Wochen mit 450 Mark inklusive Bahnticket voll im Budget.

Im Sommer darauf geht's dann schon erheblich besser, die 1000er Kawa ist verreckt, die eingetauschte 750er Kawa LTD ist nicht wirklich mein Ding, wird also kaum gefahren und dann recht flott an Uwe abgegeben. Finanzierung ist gesichert, also los ... der VW-Bus T2 vom Metzger, mit Wurstsymbolen auf dem eher raren Lack, kommt gerade recht, wird geflickt und mit Baustellenbrettern wohnbar gemacht. Luftmatratzen auf die Bretter, Bier und Nutella drunter und ab geht's mit Kumpel Nessi ans Nordkap. Wir haben fünf Wochen, keine Uhr dabei und schon bald geht die Sonne nicht mehr unter. Herrliche Landschaften, Einsamkeit, Baden im Gletscherbach (geht nur nach dem Joggen!) und Milliarden von Mücken begleiten uns über Norwegen, Finnland und Schweden zurück nach Kopenhagen, wo wir das erste Mal wieder einen Kalender anpeilen – im Ernst! Ergebnis: Wir haben noch eine Woche!

Lösung: Ab nach Berlin – flexibel muss man sein! Gesagt, getan finden wir uns ganz flott mit unserem Bus am Hintereingang des „English Officers Club“ im Schatten unter alten Bäumen ein. Ein paar alte Damen machen zwar einen Bogen, als wir die Spiegeleier auf dem Bürgersteig braten, doch die Bauarbeiter des Clubs haben sich über den Kaffee morgens gefreut! Toilette wird in der „Eierschale“ (siehe „Schlafplatz im Kneipengarten“) zelebriert und geduscht wird nachts um vier im Park unter dem Rasensprenger nach dem letzten Guinness mit Champagner. Dank sei dem Irish Pub und unserem Durchhaltevermögen!

Dann kommt die Offenbarung – steht einfach so auf dem Ku'damm rum, Schild im Fenster mit geschlossenen Schlafaugen. Ein schneeweißer VW-Porsche 914. Unangenehm ist, dass auf dem Schild „7000,– D-Mark“ steht, die ich nicht habe. Doch wozu sind Kneipen da – bis ich das auf die Sichtung folgende Etablissement verlasse, steht der Plan fest: kein Geld, keine Zeit mehr – kein Problem! Am nächsten Morgen bin ich auf der Bank, rufe von dort meinen Banker in Ulm an, nehme telefonisch 7000 Mark Kredit auf (Banker: „Kannst ja nächste Woche unterschreiben!“), die nachmittags um vier Uhr cash in meiner Hand liegen. Um sechs ist der Wagen meiner! Ja, die alten Zeiten, da ging noch was!

Tags darauf ist der 1.8., Schulferienanfang in Berlin, und wir stehen in der rechten von fünfzehn Schlangen in Richtung Zonengrenze. Die Grenzer nehmen's locker, nichts geht, totaler Stau. Ich schiebe den luftgekühlten 914er, wenn's mal eine Autolänge weitergeht. Ist eh leicht wie eine Feder, mein Targa. Da kommt ein reichlich beleibter DDR-Grenzer zwischen den Reihen durch und schnauzt alles an, was nicht perfekt in der Flucht steht. Er sieht den Wagen und dann mich, stutzt und meint: „Was ist das denn für ein Auto, wem gehört der?“ Aus meiner Antwort hat er wohl nur „Porsche“ und „mir“ rausgefiltert, denn seine Reaktion war, erst den blitzsauberen 914er und dann mich von oben bis unten zu mustern (nach fünf Wochen Campen in löcherigen Jeans, mit langen Haaren, wildem Bart und Ohrring) und vollkommen geschockt „Nee“ herauszupressen.

Nach reichlich stolzem „Doch“ endet die folgende Diskussion darin, mich rechts auf die Standspur nach vorn zu scheuchen, damit er den Sound hören kann, als er mit seiner Plauze hinter mir her rennt, um seine Kollegen an der Grenze davon abzuhalten, mich abzuschießen. Im Rückspiegel ein Bild für Götter, doch nach der Grenze kann ich eineinhalb Stunden auf Nessi im VW-Bus warten.

Die Arbeit im Großraumbüro in Ulm geht anfangs locker von der Hand, bis Chef Folger seine Fortbildungen anfängt. Ich bin außer Nessi zwar der jüngste von ca. sechs Kollegen, doch darf in seiner Abwesenheit das meiste erledigen. Da ich mich von Anfang an mehr auf die Arbeit denn auf die Gerüchteküche konzentriere, fällt dies nicht unbedingt schwer, doch ist intensiv. Ansonsten geht's fast täglich ins Fitnessstudio oder der 914er wird restauriert (war echt ne Mogelpackung!). Die sich einstellende Routine ist nicht wirklich was für Klein Bernie. Es hilft auch nicht, dass man mich nicht zu Kunden mitnimmt, was wohl an der weiteren Manifestierung des „irgendwie komisch und schwer zu bändigen“ liegt (lange Haare, Bart, Ohrring und nur Jeans ohne Krawatte waren halt nicht zwingend in) oder, dass der Standortleiter mir über den Hausmeister ausrichten lässt, ich solle diese „Ente“ (mein Winterauto) doch bitte außerhalb des Firmenparkplatzes parken, da nicht repräsentativ genug! Danach parkt sie nur noch neben dem Haupteingang, stehe extra früher auf!

Wie auch immer, mein Cheffe mag mich und man verspricht mir das lang ersehnte Auslandsjahr, sollte ich meinen plus einen vollen Job in anderer Abteilung gleichzeitig für neun Monate (Mutterschaftsurlaub) meistern.

Gesagt, getan, doch als sich auch zwei Monate danach nichts bewegt außer Ausflüchten, rufe ich meinen Lehrlingskumpel in der Stuttgarter Personalabteilung an, ob er nicht mal in der Akte schnüffeln kann. Die Antwort konnte nicht klarer sein. In der Akte ist folgender Vermerk des Standortleiters: „Solange der rumläuft wie Rübezahl, kann er nicht ins Ausland. Da muss er repräsentieren!"

Wieder mal wird die Kneipe zurate gezogen! Einsehen ist natürlich völlig wesensfremd, das Einzige, was ich einsehe, ist, dass dies kein Platz mehr für mich ist. Die Geburt des neuen Plans – verkaufe alles inklusive geliebtem 914er, kaufe Fahrrad mit Packtaschen und ab ins Ausland – ist mit dem letzten Bier abgeschlossen und am nächsten Morgen tackere ich die Kündigung.

Die Reaktion meines Lieblingschefs ist: „Wer hat dich abgeworben, ABB?" Kann natürlich nicht sagen, was ich weiß, doch die Enthüllung meines neuen Plans endet in ungläubigem Staunen (wie auch bei geplagter Mutter) und einem Anruf des Persa-Chefs aus Stuttgart zwei Tage später, den ich persönlich nicht kenne: „Herr Lübcke, machen sie keinen Scheiß, wir haben da einen Job im Ausland für Sie, der passt bestimmt!"

Im Kopf geht's nun ganz schnell: mit oder ohne Kohle ins Ausland? Na gut, schau ich mir an, und hast du's nicht gesehen, befinde ich mich am Montag drauf beim Vorstellungsgespräch für eine ca. 35 Mann starke Montagekaufmannstruppe in Erlangen wieder. So, wie ich bin, und ohne Krawatte. Mein Spruch „So bin ich und werde es auch bleiben" wird mit „Nu setzen Sie sich mal und trinken einen Kaffee" quittiert. Passt, hier fühle ich mich wohl und ab 1.1.86 geht's los!

Mein Spatz'l nimmt's gelassen, wir sind seit einem denkwürdigen Silvestertrip nach Wien mit ihrem Bruder Peter im Dezember davor zusammen, der darin gipfelte, dass ich ausgerechnet am 31.12. keinen Alkohol mehr sehen kann. Zumindest bis Mitternacht, dann hole ich wieder auf!

Beide keine Kinder von Traurigkeit, machen wir eine Wochenendbeziehung draus, während ich den neuen Job erst mal in den

Kernkraftwerken KKI 2 Landshut und Philippsburg verinnerliche. Den geliebten 914er immer dabei, außer im Winter, wenn 350-Mark-Autos (Manta A, Käfer, Taunus) herhalten müssen, meist ohne TÜV und fantasievoll mit Brettern geflickt, fehlendem Seitenfenster, mit Unterhosen zum Schiebedachabdichten versehen oder mit dem Hammer als täglichem Werkzeug, um den Anlasser zu überreden. Alles geht, man muss nur stur genug sein.

Doch auch die Ära 914 steuert nach Vollrestauration und zwei (!) Motorenwechseln auf ein drastisches Ende zu, als ich ihm in Landshut dann das Gesicht remoduliere. Mangels Zeit für Reparaturen wird er leider verkauft (was ich immer noch bereue) und was folgt, ist im Frühjahr 87 dann ein extrem seltenes, wunderhübsches, doch fahrtechnisch weit entferntes 71er Opel-GT-Cabrio, das heute noch im Stall der Wiederauferstehung harrt. Dies ist das letzte von sieben Autos und drei Motorrädern zwischen 80 und 88, als ich dann wärmere Gefilde aufzusuchen beginne.

Bis es endlich so weit ist, heißt es noch drei Monate in Erlangen Warterunde drehen. Der GT braucht ein Dach überm Kopf; was tun, sprach Zeus. Also wieder ab in die Kneipe und siehe da, die Lösung offenbart sich in Gestalt von Studenten, die sich in die Sommerferien verabschieden. Am nächsten Tag geistere ich am schwarzen Brett in der Uni herum. Jede Menge frei, doch erst ein schmetterndes Ja auf die alles entscheidende Frage nach vorhandener Garage bekommt den Zuschlag. Die muss zwar erst noch vom dachhohen Müll befreit werden, der dann den Garten ziert, doch die Villa ist super. Drei hohe Kühlschränke voller Bier im Keller und Rocky-Horror-Picture-Fans als Mitbewohner überzeugen! Die Partys enden selten vor vier am Morgen, dementsprechend schleiche ich oft leichenmäßig durch die Bürogänge, rein auf Unsichtbarkeit fokussiert. Außer morgendlichem Brötchenholen zum Wachwerden ist meine Wertschöpfung dieser Wochen stark eingeschränkt.

„Rübezahl" ? (Bilder, oben links und rechts)

Erstes Playmobil (Bild, unten links)

Kawa Z 1000 ST (Bild, unten rechts)

Kuwait

1.9.87: Nach genau acht Jahren im Laden ist es dann endlich so weit, über Kairo geht's nach Kuwait, wo ich mich auf der Treppe beim Aussteigen erst mal ganz erschrocken nach den Triebwerken umdrehe, der 55 Grad heiße Wüstenwind aus der Richtung ist dann doch brutal.

Leidlich computerversiert soll ich eigentlich einen englischen Kollegen beim Erstellen der BoQ (Aufmaß) unterstützen. Mein Englisch ist noch rudimentär und er kommt sich überwacht vor, was innerhalb einer Woche im Eklat endet. Sein Englisch ist hochkompliziert und schnell, damit ich wenig mitbekomme. Nach seidener, doch klarer Ansprache, dass er entweder nun mitspielt oder ich den Bossen sage, dass er blockt und ich deshalb besser was anderes Produktives mache, sind wir plötzlich beste Freunde. Geht doch!

Ruckzuck sind wir fertig, und zwar so überzeugend, dass Oberkaufmann Badstieber, mein dortiger Chef, mir einen Programmierer zur Seite stellt, um die erste elektronische Baukasse der Firma zu kreieren. Was er mir nicht sagt, ist, dass mein Boss in Deutschland ebenfalls einen Kollegen seit fast einem Jahr das Gleiche machen lässt. Das Ergebnis ist, dass unsere Baukasse zwei Monate später in Kuwait perfekt läuft, mein Boss in Deutschland aber stocksauer ist, diese dann dennoch übernimmt und in den Rest der Welt ausrollt. Undank ist der Welten Lohn.

Unabhängig von Englisch (auf den Partys kringelten sich die Damen über meinen Akzent) lerne ich in Kuwait vor allem Joggen bei 50 Grad, Wein machen und fast jedes Sandkorn persönlich kennen. Straßen gehen von achtspurig am Rand der Stadt auf einspurige Rohölpisten in die Wüste mit Wracks als Wegweiser über und Filipino-Maids (Haushaltshilfen) baden in knappsten Bikinis neben arabischen Familien, deren Frauen permanent komplett schwarz zugehängt sind. Zum Kreischen, wenn sie aus dem Wasser kommen – ein Land teils krasser Gegensätze. Es gibt sogar ein Oktoberfest, halt mit Modenschau statt Bier!

Tja, und dann der Luxus – riesige Villen und ganze Gebäudekomplexe sind innen wie außen komplett mit Marmor verkleidet. Jede Menge Porsches, Rolls-Royce, Bentleys etc. gehören zum normalen Straßenbild und auch mir geht's finanziell plötzlich richtig gut. Die zusätzliche Auslösung in Landshut und Philippsburg hat schon für die Auflösung des regelmäßigen Winterschlafs gesorgt, doch nun gibt's 180 DM am Tag zum Gehalt und alles steuerfrei. Wochenendflüge nach Manama in Bahrain ins Hilton-Hotel, um dem selbstgemachten Weineinerlei zu entkommen, sind locker drin. In Bahrain gibt's ganz normal Alkohol im Gegensatz zu Saudi-Arabien und Kuwait, daher sind die Hotels an Wochenenden (Donnerstag und Freitag) voll mit Ausflüglern besetzt. Viele, vor allem Saudis, schaffen es gar nicht in die Stadt, sondern begeben sich mit Ticket in der Hemdtasche direkt in die Flughafenkneipen, saufen sich bis zum Umfallen zu und werden gemäß Ticket vom Personal wieder in die Flugzeuge getragen. Echt jetzt!

Und dann ist da natürlich auch noch der Krieg.

Der tobt zwischen den Ajatollahs und Saddam Hussein seit 1980 und da Basra nahe der Grenze zu Iran unter Raketenbeschuss steht, erlaubt Kuwait 87 dem da noch verbündeten Saddam, der amerikanische Waffen für seinen Krieg via Öl bezahlt, ebendieses über Kuwait zu verladen. Die irakischen Tanker fahren dann unter amerikanischer Flagge durch die Straße von Hormus unter den Augen der Iranis in den indischen Ozean. Das mögen die Iranis gar nicht, also geht im September im amerikanischen Supermarkt „Safeway“ eine Bombe hoch, im

Oktober schlagen nachts zwei Raketen ganz in der Nähe unserer Schlafstatt ein (bin fast aus dem Bett gefallen) und im November explodiert morgens eine Offshore-Ölverladestation ca. 200 Meter entfernt von unserem Projektgebäude DCC Shoiba. Raketen von iranischen Schnellbooten, das Feuerwerk ziehen wir uns vom Dach aus rein. Erste Feuerprobe bestanden.

Dschidda, Saudi-Arabien

Kurz vor Weihnachten geht's dann wieder „heim ins Reich", wo mein Boss mir eröffnet, dass Dschidda, Saudi-Arabien mein nächstes Ziel ist, zwecks Einführung der (nun doch akzeptierten) gerade erschaffenen elektronischen Baukasse und Unterstützung des neuen Baumanagements für HV(Starkstrom)-Schaltanlagen und Verteilerzentren. Im Endeffekt ist die kleine Montagekaufmannstruppe nichts anderes als ein interner Personalverleih von spezialisierten Kaufleuten, die vor Ort Großbaustellen für andere Abteilungen managen. Managen bedeutet hier lokale Buchführung, Finanzwesen, Logistik, Persa-Aufgaben, allgemeine Administration, kurz alles, was nicht technisch ist. Angenehmer Nebeneffekt: Solange keine selbstverschuldeten Katastrophen am Himmel auftauchen, sehen wir unseren eigentlichen Vorgesetzten nie. Jede Menge Gestaltungsfreiheit, die auftraggebenden Abteilungen sind froh, dass es uns gibt, und jeder Einsatz ist anders. Andere Länder, neue Leute und Kulturen (extern wie intern), sehr unterschiedliche Projekte (alle Arten von Kraftwerken, Stromverteilungen, Fabriken, Bahnbauten, die Liste ist lang) und keiner, der einem sagt, wie man was machen muss, da es eh keiner besser weiß, ist ja oft aus dem Vollen geschnitzt. Genau richtig!

Am 2.1.88 lande ich in Dschidda, um am Flughafen gleich erst mal die Gastfreundschaft meiner neuen Umgebung zu genießen. Alles wird durchsucht, das frische Brot gebrochen und selbst das Pflaumenmusglas von Oma wird aufgemacht, mit dem Finger kurz eingetaucht (könnte ja was Übles drin sein) und mit einem Grinsen wieder ausgehändigt. Zwei Magazine werden durchblättert und alles, was Alkohol, nackte Haut oder ein Kreuz zeigt, rausgerissen. Da halbe Artikel nicht wirklich erbaulich zum Lesen sind, lasse ich den traurigen Rest direkt auf dem Tresen liegen.

Wie auch immer, am Abend des Einschlags im Wohncontainer gibt's gleich die erste Party im Camp bei selbstgemachtem Wein und „Siddiqi“, dem „Freund“, mal besserem, doch oft schlechterem schwarzgebranntem Alkohol zum Mixen mit allem Möglichen, Hauptsache, es brummt! Am nächsten Morgen dann der große Schock: Nein, diesmal nicht Kopfschmerzen, sondern ein schwerer Verweis des Paares im unteren Container, als ich zum Frühstück Speck für die Eier mitbringe. „Ja bist du denn wahnsinnig, Speck einzuschmuggeln, das bringt dich direkt in den Kalabusch (Knast).“ Ups, Glück gehabt gestern, der Speck war auch vom Bäcker, also so wie das bereits untersuchte Brot verpackt. Puuuh!

Das HV-Schaltanlagen-Büro war im gleichen Areal auch in Containern und mit „Feuerlöschteich“ ausgerüstet, da ein Pool für die Wohncontainer als zu luxuriös gilt. Es beherbergt eines der größten Projektvolumen, die wir damals so hatten, ist uralt, halb verrottet und hat entsprechend antiquierte Prozesse.

Die Einführung der elektronischen Baukasse ist ein Quantensprung. Was vorher ein Kollege (25.000 DM Kosten pro Monat) tagein, tagaus von Hand in Baukassenkladden eintrug, übergebe ich drei Monate später an meinen sudanesischen Sekretär für einen Bruchteil der Kosten.

Rückfragen beantworte ich natürlich selbst. Die beste war, warum das Auto mit Kennzeichen bla, bla, bla 21,5 Liter Benzin braucht (in Saudi-Arabien Spritpreis zehn Pfennige pro Liter!). Antwort: Weil es zu alt ist, und ich schlage vor, alle Autos über acht Jahre auszutauschen. Das waren Dutzende und schlug ein wie eine Bombe, doch danach gab's keine dummen Fragen mehr!

Das Privatleben ist in Saudi-Arabien relativ eingeschränkt. Überall laufen sogenannte Religionswächter herum, die aufpassen, dass Frauen keine Haut zeigen, nicht mit anderen Männern zusammen sind außer Familie, kein Alkohol getrunken und rechtzeitig zum Ruf des Muezzin gebetet wird usw., eine lange Liste. Ich sehe einen, der auf dem Parkplatz der Moschee auf ein fahrendes Auto einprügelt, weil der Fahrer noch nach einem Parkplatz sucht, während der Muezzin schon ruft. Strafen sind drakonisch und zumindest in den Städten blüht die Hypokrisie. Alkohol gibt es offiziell keinen, doch die Militärkrankenhäuser sind voll mit Drogenabhängigen. Mit Stadtsaudis kann man auch äußerst unangenehme Begegnungen haben, bei vielen sind Ausländer Menschen zweiter bzw. dritter Klasse, und das lassen sie einen auch klar spüren. Sklaverei wurde offiziell 1962 abgeschafft, doch der Visa-Sponsor hat normalerweise den Pass und bestimmt daher über Inlands- wie Auslandsreisen, für viele gegen Einwurf größerer Münzen. Unserer nicht, muss ich hier betonen, es gibt durchaus Unterschiede!

Auch ich habe so meine einschlägigen Erlebnisse. Ziemlich am Anfang fahre ich morgens zum Kunden an der Corniche entlang, einer sehr schön gemachten doppelspurigen Straße direkt am Meer, unterbrochen von Kreisverkehren mit Monumenten drauf. Ein Mercedes hinter mir versucht zu überholen, doch ich bin zu flott und er kommt vor dem nächsten Kreisverkehr nicht vorbei. Nach besagtem Kreis gibt er Gas, überholt und stellt sich quer. Er steigt aus in landestypischer Tracht, klopft an mein Fenster und verlangt Iqama (Personalausweis) und Führerschein, beides auf Arabisch. Ich noch recht naiv, händige beides aus und er steigt direkt wieder in seinen Mercedes und fährt los. Was tun? Ohne diese Dokumente bist du erledigt im Land. Also hinterher, bis er fünfzehn Minuten später an einer Ampel beides aus dem Fenster auf die Straße schmeißt. Nun ja, aufsammeln und ganz ruhig ab zum Kunden, ist da angesagt.

Am ersten Ramadan fliege ich mit Hisham, Ägypter seines Zeichens, auf Einladung kurz nach Kairo. Damals muss der Rückflug noch bestätigt werden. Also stehe ich in der Schlange des Flugbüros, als ein Saudi einmarschiert, vorgeht, den Mann am Schalter beiseitedrängt und sein Ticket auf den Tresen schmeißt. Man erkennt die Jungs sofort. Da brennt dann die erste Sicherung durch. Ich vor, ihm direkt eine gescheuert, sodass er sich auf dem Boden wiederfand. So schnell war der wohl nie zuvor irgendwo wieder draußen. Allgemeines Klatschen, ein schnelles Flugbestätigen, bevor irgendwelche Uniformen auftauchen, und innere Genugtuung sind der Dank!

Einmal rauscht ein nagelneuer Pick-up aus einer Seitenstraße in meine Tür, ich habe klar Vorfahrt. Bis ich auf der Beifahrerseite draußen bin, rennt der vielleicht vierzehnjährige Fahrer davon. Sein älterer Bruder im zweiten Auto bleibt. Der salomonische „Richterspruch“ des Polizisten lautet: „Geh, schleich dich, du Ungläubiger, wenn du nicht hier gewesen wärst, wo du eh nicht hingehörst, wäre der Unfall nicht passiert.“ Na gut, schleichen wir uns halt.

Mit wandernden Beduinen in der Wüste dagegen habe ich nur gute Erfahrungen (meist beim Trainieren), sprachlich spannend, doch sehr gastfreundlich! Kinos gibt es nicht, Fernsehen ist totzensiert, rein Arabisch und Restaurants sind nach Junggesellen- und Familiensektionen sichtgetrennt. Infolge ist der Kontakt zur einheimischen Bevölkerung extrem beschränkt und im Gegensatz zu Kuwait aufgrund unserer Lebensweise oft sogar gefährlich.

Lebensweise? Na ja, der Mensch ist flexibel und ideenreich sind wir allemal. Gelebt wird meist in bewachten „Compounds“ (ummauerte Wohnviertel aus Häusern, Containern, Baracken, je nachdem) für Ausländer (Expats), in denen ein halbwegs unabhängiges Leben möglich ist. Das bedeutet Partys, Alkohol dafür produzieren und dabei vernichten. Der Schwarzmarkt für „Siddiqi“ blüht, doch die Qualität ist meist mau. Wie das so ist, jede Herausforderung hat eine Lösung – und die kommt recht flott in Gestalt von mehreren 10-Liter-Wasserdestillen aus Edelstahl für unsere Kollegen in Wüsteneinsätzen. Eine davon bekommt einen Schwimmer zwecks automatischer Abschaltung eingebaut, wird ins Gästeklo gepflanzt und mit einem 200-Liter-Fass zwecks Grundproduktion aus Wasser, Zucker und Hefe komplementiert. Fortan haben wir mit zwei Mann nach fünfmal Brennen nicht nur beste methylfreie Qualität mit 80 %, sondern auch noch eine sehr erträgliche Einnahmequelle! Darf natürlich kein anderer wissen, also haben wir eine „super Quelle“ aufgetan und freundlicherweise „weiterverteilt“!

Auf dieser Basis sind der Fantasie dann auch wenig Grenzen gesetzt. Wir machen „Metaxa“, indem wir mit Wasser verdünnen und mit Trockenpflaumen und Rosinen mindestens zwei Monate einlegen. Bailey’s (Eiweiß) und Eierlikör (Eigelb) werden immer zusammen produziert, wobei die erste Flasche Bailey’s schon beim Produzieren niedergemacht wird, doch der Eierlikör vier Wochen lagern muss. Für Partys wird mit „Tang“, einem Orangenpulver, gemischt, je nach Stunde ansteigend stark und sehr beliebt bei den Damen. Die Liste der Rezepte ist lang.

Überhaupt, die Partys! Die Compounds sind über die ganze Stadt verteilt, man kann nicht jeden kennen, doch jeder will mangels Alternativen auf Partys.

Das beste Netzwerk haben die Krankenschwestern!

Da saudische Frauen unter zuvor beschriebenen Umständen nicht wirklich arbeiten können, kommen diese aus der ganzen Welt und werden vor allem in ehemalige Hotelblocks eingepfercht. Auto fahren durften Frauen damals nicht, wir aber schon. Also ist man Fahrer und erweitert so seinen Horizont mit dem Ergebnis, auf Partys zu gelangen, bei denen zwanzig eingeladen sind, fünfzig kommen und man kaum einen kennt – Kneipenersatz, ganz normal! Für die beste Party, die wir im später bezogenen Häusercompound schmeißen, laden wir beide 100 Mann ein (haben ja genug produziert), ca. 250 kommen und wir haben ob der Filipinoband, mancher Exzesse in Vorgärten der Nachbarn um den Pool herum und Einem, der beim Versuch auszuparken die Außenmauer durchbricht, eigentlich massiv Glück, nicht ausgehoben zu werden. Nach Eintreffen der Nachricht, dass vor dem Tor die Polizei wartet, verschließen wir ebendieses ganz leise und verteilen alle noch vorhandenen Zecher in diversen Häusern. Bei uns schlafen gut zwanzig auf dem Boden, bis am nächsten Morgen Hisham (siehe Kairo) die Kaffeemaschine anschmeißt – mit dem 80%igen

Siddiqi aus der Plastikwasserflasche (Geruchsinn war wohl noch betäubt). Genau das Richtige am „Tag danach“!

Die andere regelmäßige Freizeitbeschäftigung am Freitag (dem praktisch einzigen freien Tag) ist der „Hash“. Die „Hash House Harriers“, 1938 in Malaysia von britischen Offizieren gegründet, ist ein inzwischen weltweit verbreiteter Läuferclub nach Schnitzeljagdart mit normalerweise mächtigem Bierdurst nach der Hatz. In Saudi-Arabien natürlich mit Siddiqi zelebriert, rennen wir durch den Sand und haben mächtig Spaß danach in der Wüste bar jeder Aufsichtskasper.

Die bringen mich dann auch gleich zu den „Jeddah Road Runners“, für die ganz Verrückten, mit dem Ergebnis, dass ich drei Wochen nach Ankunft meinen allerersten Marathon angehe. In der Wüste! Also stehe ich morgens um vier mit ca. siebzig Mann an der Startlinie. Bei Kilometer 30 auf Platz 12 kommt die Sonne über den Horizont gekrochen und begrüßt uns sofort mit 45 Grad – im Schatten! Wer kann, der kann! Bei Kilometer 31 liegt der kleine Bernd nach Luft schnappend im Graben, kein Meter geht mehr.

Na ja, aufgeben ist nicht und man gewöhnt sich an die Hitze. So laufe ich danach alle möglichen Renndistanzen ab einer Meile und lande meist unter den ersten zehn. Am schnellsten sind jedoch außer einem baumlangen Engländer ein paar recht kleine Äthiopier. Die wieseln einem um die Ohren, das ist magisch!
Nur bei den Marathons will es mir nicht gelingen und der letzte von insgesamt vier unterstreicht dies. Diesmal saudisch organisiert, da das saudische Nationalteam mitläuft, geht’s nachmittags um vier in der größten Hitze los. Gute tausend Mann starten, die meisten nicht ganz ernst in traditionellen Lederlatschen und Dishdasha (weißes Gewand). Am Anfang funktionieren die Wasserstationen noch, doch nach ca. eineinhalb Stunden sind keine mehr zu sehen. Nur nicht aufgeben. Irgendwann laufe ich dann krampfgeplagt durch den wieder freigegebenen Verkehr und bettle in klei-

nen Geschäften um Wasser. Nach knapp vier Stunden komme ich um 10 % leichter (6 kg) und frierend an. Mein Spatz'l steckt mich erst mal in die warme (!) Badewanne, wo ich mich beim selbstgebrauten Bier (gegen den Vitaminmangel) erholen darf!

Last, but not least, wie man so schön sagt, ist dann da noch das, was für alle Unbill der tristen und damals schon oft verdreckten Wüstenlandschaft entschädigt. Das Rote Meer! Direkt vor der Tür ist ein Unterwasserparadies.

Man darf tauchen, vorausgesetzt man hat einen Tauchschein, beantragt eine Genehmigung für maximal sechs Monate, was dann wieder sechs Monate dauert, usw.

Nee, das ist nichts für mich, also bringt Kumpel Dietmar mir das Tauchen in fünfzehn Minuten im Feuerlöschteich bei, dann ab ins Meer und los geht's. So was von herrlich, die Farben, die Natur, das glasklare Wasser des Roten Meeres und kaum Taucher außer uns unterwegs. Ich bin von Anfang an voll im meinem Element, fühle mich pudelwohl und brauche extrem wenig Luft.

Der Einstieg ist meist schon voller herrlicher Korallen, sodass wir sobald möglich Zentimeter drüber Richtung tieferen Gefilden schweben. Das Wasser ist glasklar, so klar, dass man kleine Steine auf 25 Meter Tiefe sehen kann und Sonnenstrahlen darauf reflektieren. Schildkröten, Barsche, Giant Parrotfish, Haie etc. kennen keine Scheu – es ist ein Paradies zum Tauchen, wie ich es mit Ausnahme von Alor in Indonesien nie wieder gefunden habe.

Da wir illegal tauchen und die Küstenwache recht aktiv herumeiert, schauen wir uns beim Auftauchen immer erst mal um. Ist ein Jeep am Strand, heißt es im Wasser warten, bis er weg ist. Oft sind wir auch nach Feierabend kurz an die Corniche (Küstenstraße). Bereits im Tauchanzug und alles vorbereitet sind wir in drei Minuten im Wasser – traumhafter Nachttauchgang an sechzig Meter tiefer Wand, und nass, wie wir sind, danach ruckzuck ins Auto. Keiner gesehen, passt!

Ein Jahr und ca. sechzig Tauchgänge später spricht mich ein amerikanischer Tauchlehrer aus Ta'if an, dem ich bei seinen Klassen schon geholfen hatte, ob wir nicht mitwollen nach Truk Lagoon in Mikronesien zum Wracktauchen. Wie, wollen? Na klar wollen wir! Auf meine Frage, ob ich da einen Tauchschein brauche, kommt nur: „Verloren?" – „Nein, nie gemacht." Das Gesicht ist Gold wert. Nun ja, eine Theorieprüfung später ist das Problem auch gelöst und Dietmar und ich finden uns sechs Tage lang an Bord eines umgebauten norwegischen Trawlers im Pazifik wieder, fünfmal am Tag die Reste der japanischen Flotte betauchen, die 1944 von amerikanischen Flugzeugträgern versenkt wurde. Wir drehen mit (26 kg) mitgebrachter Filmausrüstung rund dreieinhalb Stunden Unterwasseraufnahmen in und um Wracks herum.

Kriegsschiffe, Frachter mit Zeros, Panzern, Kanonen im Bauch, U-Boote, Tanker und jede Menge Flugzeuge bis zu 75 Meter tief und noch mit reiner Pressluft. Nach den sechs Tagen sind meine Ohren komplett durch den Wind und wir addieren etwas Spannung mit einer eingeschmuggelten Flasche Whiskey auf dem Saudia-Flug zwischen Manila und Riad – nicht ganz ungefährlich, doch „wat mutt, dat mutt".

Mein Tauchgepäck nimmt einen anderen Weg. Unfreiwillig auf Guam verschüttgegangen, geht's über Houston und London weiter Richtung Osten, d. h. einmal um die Welt, doch es findet heim.

Davor, im August 88, heiraten mein Spatz'l und ich auf meinem ersten Heimaturlaub und bevor sie im Monat drauf kommt, beziehe ich mit den inzwischen adoptierten Mäusejägern „Cindy und Tiger" das Luxusetablissement „Nada Village", ein uraltes KWU-Camp mit Holzhäusern, das die Firma wegen zu viel Luxus nicht übernehmen wollte und das nun halt voll Miete zahlender Firmenmitglieder ist. Der „Luxus" besteht aus einem 25-Meter-Pool und alten, schattengebenden Bäumen. Unseren nun wirklich grünen Garten (Ex-Chef von Gardena war Vormieter) veredle ich gleich mit ner 140er Kabeltrommel, auf Stelzen gelegt und perfekt zu den Barhockern passend.

Acht Shishas mit libanesischem Tabak (dank Fahrer), selbst gekelterter Wein (dank Rauch-Traubensaft aus Österreich und Kitzinger Weinhefe) sowie bald leckerstes Guinness komplementieren die Sause-Bar. Das „Guinness" verdanken wir Massen an 0,3-Liter-Malzbierflaschen, die die Saudis acht Jahre zuvor in die Wüste entsorgten, weil sie in der Hitze anfingen zu gären. Ich finde den „Malzbierberg" unter einer Sandschicht dort beim Marathontrainieren, ehrlich! Nun sind auch wir landesangepasst gerüstet!

Das Bier produziere ich nach den ersten 20-Liter-Testläufen im 200-Liter-Fass, abgefüllt in die 0,9-Liter-Bügelflaschen o. g. Rauch-Säfte und es ist schnell so begehrt, dass keiner mehr Wein trinkt und wir 1991 schon zwei Jahre alten Wein haben, als Muttern es mit Göttergatten Klaus tatsächlich schafft, uns ausgerechnet in Saudi-Arabien zu besuchen. Weder der Besuch noch der alte Wein ist auch nur andeutungsweise gewöhnlich damals, doch ich denke, sie hat es geschätzt.

Inzwischen übernehme ich das Baubüro für 110-KV-Stationen in Mekka, eine davon direkt neben der heiligsten islamischen Moschee, in der sich die Kaaba befindet. Natürlich habe ich als Nichtmuslim keinen Zugang zum inneren Mekka, daher sind akkurate Berichte der zugangsberechtigten Kollegen besonders wichtig. Dies, das Managen der über dem Büro dort lebenden Kollegen und die tägliche 130-km-An-/Abfahrt plus allabendlichem Training verlangt viel und härtet ab für die Zukunft, die da kommen soll.

Auch für mein Spatz'l ist es bestimmt nicht einfach. Ich bin praktisch täglich lange Stunden weg, sie im Camp mehr oder weniger eingesperrt, da sie dieses nur zu festgelegten Zeiten in der Gruppe mit anderen Frauen und zu vorher festgelegten Einkaufzentren mit Fahrer verlassen kann. So alle vier Monate muss man eigentlich raus, sonst dreht man durch. So schauen wir uns

Indien und Goa per Zug (spannend, mit bewaffneten Zugbegleitern) an oder fliegen zu ihrer Schwester nach Washington. Auf dem Weg dahin finden wir heraus, wie herrlich es ist, einfach auf Zwischenaufenthalt in Rom in der Fußgängerzone zu sitzen, einen Pastis in der Hand und dem ganz normalen Leben zuschauend. Kurze Hosen, Röcke, Shirts ... wir waren diesmal wirklich schon zu lange im Sandkasten. Andererseits finden wir auch heraus, dass wir Eltern werden sollen. Wir waren glücklich, doch die arme werdende Mama zelebrierte einiges der üblichen anfänglichen Unbill ausgerechnet im Urlaub.

Ende Mai 90 ist es dann so weit. Ich habe wieder Aufgaben in Dschidda übernommen und Klein Dennis marschiert geräuschvoll in unser Leben. Beim Ausstellen seines ersten Passes im Konsulat auf der Schreibmaschine (!) flachst Reinhard (Freund und Chef) so lange von „Ahmed" aus Dschidda, bis der Konsul (ebenfalls Freund) tatsächlich anfängt, „AH" zu tippen, wobei ich ihm dann auf die Finger haue. Einen Rüffel an Reinhard und zwei beherzte „XX" über die Buchstaben später darf er nun, „AH" durchkreuzt, Dennis heißen. Das muss man sich in der heutigen digitalisierten Welt mal vorstellen. Überhaupt, damals kommunizieren wir noch mit Telex-Lochstreifen und sind gerade dabei, das Fax als nächsten Evolutionssprung in Richtung Echtzeitkommunikation einzuführen.

Der Erste Golfkrieg

Am 2.8.90 morgens weckt mich doch glatt einer frech per Telefon im Heimaturlaub, Dennis wird gerade in der Familie eingeführt. „Bernd, pack und fahr zum Flughafen, Ticket liegt dort, du fliegst zurück nach Saudi.“ Ja, wie??? Freund Saddam Hussein hat Kuwait überfallen, der Erste Golfkrieg geht los.

Wir haben noch immer große Operationen in Kuwait inklusive vieler Familienmitglieder, die sich nun im Krieg wiederfinden, und keiner weiß, ob Saddam an der Grenze haltmacht oder gleich nach Saudi-Arabien weitermarschiert.

Tags darauf vor Ort heißt es erst mal alle Familienmitglieder zu evakuieren. Auf meine erste Anfrage nach 150 Tickets und bitte ohne Übergepäckdiskussionen, da viele Frauen und Kinder in Deutschland nicht darauf eingerichtet sind, bekomme ich von der Lufthansa ein „Geht nicht, da spielen die saudischen Behörden nicht mit“ (?) und von Swissair und Austrian Airlines ein „Völlig klar, ist eine Notsituation“. Dementsprechend fliegt nur eine Familie mit Lufthansa, die drauf beharrt und deren dann tatsächlich aufgelaufene Übergepäckkostenabrechnung ich rundweg ablehne. Lufthansa eben!

Wie auch immer, es gibt viel zu tun. Im September verlässt ein Kaufmannskollege überraschend ein von uns unabhängiges Baubüro, das LDC (HV-Stromverteilersteuerung), für die ich vorher in Kuwait war. Ich habe die Ehre und seine Übergabe ist kurz und zackig. Riesiges Büro, Regale leer, doch jede Menge Ablagestapel auf dem Fußboden, zwei Tage später fliegt er raus zur ABB. Das Chaos schlechthin. Am Tag seines Abflugs fällt mir frühmorgens ein Paket im Ausgangskorb auf. Ich mache auf und finde einen 20-Zentimeter-Berg an Bürgschaften, alten wie neuen, von Bank und Kunde jeweils schon böse angemahnt – zum Abschied adressiert an die Bank! Na ja, sonst nichts zu tun, also den Saustall aufräumen, Kunden, Bank, Lieferanten und das deutsche HQ erst mal beruhigen sowie Baukassen der letzten sechs Monate (!) abrechnen. Am schlimmsten ist die Logistik. So schlimm, dass ich neben allem auch noch einen geharnischten Bericht schreibe, der im HQ wie eine Bombe einschlägt, da er ebendiesem die Einhaltung der Sorgfaltspflicht abspricht. So wird man auch berühmt-berüchtigt!

Schon fast nebenher evakuieren wir alles, was nicht zwingend hier sein muss. Das sehen auch die Saudis, die intern immer nervöser werden. Nachts Straßensperren überall, die Küstenwache mit Jeeps am Strand und Booten im Wasser. Religionspolizisten tauchen in Massen auf, alle aus dem Osten vertrieben, da sie den dort inzwischen stationierten weiblichen amerikanischen GIs mit ihren Stöckchen auf die nackte Haut klopfen wollten; kam wohl nicht gut an. Wir Verbliebenen haben plötzlich freie Hand, Alkoholgeruch im Wagen nachts um zwölf? Kein Problem, unterschreibe hier! Kurz übersetzt: „Ich weiß, was ich getan habe, und werde es nie wieder tun.“ Ohne Namen oder Autonummer unterschreibe ich die Dinger in Massen! Beim Tauchen mit der Küstenwache überall … kurz winken und alles ist im grünen Bereich. Geht doch!

Saddam hat gerüchtehalber Raketen im Sudan stationiert, nur 260 km über dem roten Teich von uns, und die AWACS-Radarflieger werden in der Luft mit Sprit aus Dschidda betankt. Keiner weiß, mit welcher Ladung die bestückt sind, doch die Giftgasgerüchte der Amerikaner machen alle nervös und da weder Botschaft (wichtig ist, Parkplätze für Autos der Botschaftsleute aus Riad bereitzustellen!) noch die Lufthansa (siehe oben) sich durch verlässliche Evakuierungspläne hervortun, treffen wir eben selbst Schutzmaßnahmen für die noch ca. dreißig verbleibenden Jungs: Genügend Essen und Trinken für mindestens dreißig Tage in jedem bewohnten Haus. In den Badewannen Tauchflaschen mit je vier Atemanschlüssen fürs Duschen und Atmen bei Giftgas, auch in Büros und in allen benutzten Autos, sowie Ersatzbenzin und Wasserkanister, um entweder bis Jemen oder eben Jordanien über

Land zu kommen. Und als Schmankerl obendrauf drücke ich zusammen mit einer Namensliste fünftausend Dollar meinem vom Tauchen bekannten amerikanischen Tauchbootkapitän in die Hand, damit er im Falle des Falles wartet, um die Träger jener Namen übers Meer nach Ägypten zu fahren. Drei Fluchtwege plus eventuelle Flieger, sollte passen.

Ende November gelingt es dem HQ, alle bis dahin als „Human Shield“ in irakische Installationen (Fabriken, Wasser-/Elektrizitätswerke usw.) verschleppten Kollegen und deren Familien aus Kuwait mit einem Flieger auszulösen. Die Lebensumstände müssen katastrophal gewesen sein, den späteren Erzählungen nach. Einer meiner früheren Laufkumpels in Kuwait hielt dort versteckt bis Oktober durch, dann gelang ihm die Flucht über die Wüste nach Saudi-Arabien durch die Front – zu Fuß!

Kurz vor Weihnachten kommt der totale Evakuierungsbefehl. Alles raus, die Amis haben was vor. Katzen und geliebte Musikanlage (Polk, ausgesucht durch akribisches Gegenhören in verschiedenen Läden im Einkaufszentrum per Sackkarrentransport, man gönnt sich ja sonst nichts) sind seit Oktober schon in Deutschland, daher ganz locker in die Maschine und anfangen zu schlafen. Das hab ich dann auch fast zwei Wochen mit kurzen Unterbrechungen gemacht, in denen Klein Dennis auf mir rumkrabbelte. Fix und alle!

Intermezzo

Dank temporären Verlustes meines Arbeitsplatzes durch akuten Bodenkrieg (Saddams Schergen wurden aus Kuwait entfernt, doch nicht ohne vorher alles nicht Niet- und Nagelfeste in den Irak zu schaffen wie auch jede Menge aktive Ölquellen anzuzünden) habe ich die Ehre, an der geplanten Übernahme der „VEB Starkstrom-Anlagenbau Leipzig-Halle" mitzubasteln. Schon die Anfahrt erweist sich als Zeichen der Zeit. Anfang Januar ist alles tief verschneit und die Autobahn ab der Grenze bei Hof ist ungeräumt und ungesalzen. Super, genau das Richtige für den wüstenerfahrenen Heißsporn am Opelvolant. Ein paar Kilometer weiter retten mich nur noch die Schneeberge zwischen den Fahrbahnen vor katastrophalem Einschlag in die stehende Reihe vor mir.

Leipzig ist mal ganz was Neues. Ich erinnere mich ja noch an Mecklenburg von Besuchen als Kind und den Mangel an vielen Dingen des täglichen Lebens dort, doch das Zentrallager für die Personenausrüstung aller Monteure (von Jacken über Stiefel bis zu Schreibmaschinen und Rechengeräten aus den 50ern!) schlägt alles. Es befindet sich im Bombenkeller eines noch original zerbombten Hauses (erster Stock steht, zweiter zur Hälfte und vom dritten gibt's nur noch zwei Ecken). Das heißt, alles erst mal durch enge Wendeltreppen runterschaffen und dann wieder hoch! Weggeschmissen wird gar nichts, da Ersatz kaum zu haben ist, dementsprechend sieht der Keller nach vierzig Jahren aus.

Doch alles hat eine Steigerung. Das Materiallager in Halle ist zwar auf riesigem, ebenem Gelände, doch Hallen und Außenflächen beherbergen Massen von Uraltzeugs für meist russische Pipelineprojekte, Kraftwerke, Minen etc., ab den 50ern aufwärts. Doch alles, wirklich alles ist feinst protokolliert in riesigen handgeschriebenen Lagerkladden, die der zuständige Verwalter mir auf Anfrage in Sekunden aus dem „Uraltkladdenstapel" zieht. Auf meine unschuldige Frage, warum das Zeug hier noch eingelagert ist, kommt „Wurde nie storniert“ und „Kann man ja noch brauchen“. Es geht doch nichts über zentrale staatliche Planung, bei der keiner sich traut, auch mal was zu stornieren. Die Planung war ja dann vorher wohl fehlerhaft, kann ja gar nicht sein! Meine Empfehlung, einen Schrotthändler für Großvolumen zu konsultieren, wird dann auch mit großen Augen und sichtlich körperlichen Schmerzen aufgenommen.

Wie auch immer, der Golfkrieg endet am 28.2.91 und zwei Tage später haben sie mich wieder in die Wüste geschickt. Diesmal nicht, um ab-, sondern wieder aufzubauen. Reinhard, mein Chef in Dschidda, ist relativ flott ins noch massiv brennende Kuwait zwecks Wiederaufbau abkommandiert und ich finde mich in der kaufmännischen Verantwortung für alle HV- und LDC-Aktivitäten wieder. Zusätzlich beschaffen wir in Saudi-Arabien alles, was die Kuwait-Mannschaft braucht, vom Klopapier über Möbel bis zum Kranwagen, und als besonderes Bonbon die Ausfuhrgenehmigungen der Saudis, was das größte Problem ist, von wegen „Brüder in der Not“! Wieder so eine Hauruck-Aufgabe mit viel Spaß und wenig Schlaf. Na ja, wenigstens sind mein Spatz’l und der Kleine bald wieder dabei!

Im Mai kommt dann ein denkwürdiger Anruf von meinem nagelneuen König aus Deutschland, wir hatten persönlich noch nicht die Ehre: „Herr Lübcke, ich habe da einen super Job für Sie! Sie werden Chef von drei Ihrer älteren Kollegen, das Karrieresprungbrett in Teheran!“ Hmm, wie sag ich’s meinem Chef? „Lieber Herr König, vielen Dank für die Ehre, doch … ich muss nach dreieinhalb Jahren dringendst aus dem Sandkasten raus, bevor was Schlimmeres passiert.“ Und das ist die abgeschwächte Version. Nach einer Gedenkminute kommt dann nur noch: „Okay, ich melde mich.“

Einen Monat später kommt der zweite Anruf: „Herr Lübcke, bringen Sie auch Indonesier um?“ Diesmal waren die Gedenksekunden mir anzulasten – Indonesien, warm, Meer, tauchen … „Nee, wann geht’s los?“

„Wegweiser“ in Kuwait
(Bild oben)

Der Hash
(Bild, Mitte links)

„Feuerlöschteich“
in Dschidda
(Bild, Mitte rechts)

Jeddah Road Runners
(Bild rechts)

Dennis mit Papa (Bild, oben rechts)
Die Sausebar, Dschidda (Bild oben links)
Kuwait nach Saddam (Bild unten)

Jakarta, Indonesien

Perfekt! Ist zwar nicht die oft zitierte „Strandbeleuchtung auf Hawaii“, doch kommt dem ziemlich nahe. Wir bauen KFW-finanzierte Dieselkraftwerke auf den äußeren der ca. 11 000 bewohnten Inseln des 17 000 Inseln großen und 7000 km langen Archipels. Ende September, gerade einunddreißig geworden, schlagen wir auf und ich übernehme Kollege Arnos Büro und Honda-600-XL-Crossmoped.

Der Job geht nach anfänglichen Scharmützeln mit dem technischen Projektleiter relativ stressfrei von der Hand, alle vier Wochen bin ich geschäftlich und oft mit Tauchtasche in ganz Indonesien unterwegs, von Borneo über Sulawesi und Flores bis Irian Jaya und Osttimor (beide damals noch mit Sondergenehmigung der Militärpolizei wegen Rebellenaktivitäten) sowie Batam. Der Kunde (PLN) ist verträglich und keiner belästigt mich mit übermäßig dummen Fragen. Sie lassen Werner und mich machen und so läuft's für alle am besten. Fast schon unterausgelastet übernehme ich später sogar artfremde Projekte, wie die Sicherungssysteme der ersten Gelddruckerei und der „Bank of Indonesia“. In den viereinhalb Jahren senken wir trotz Volumensteigerung auch dadurch unsere operativen Kosten. Mit den Kollegen komme ich blendend aus, fühle mich sauwohl im Job, HQ ist happy und lässt mich in Ruhe, was will man mehr. Als Cheffe mich bei seiner ersten Asienreise Anfang 93 wieder mit Karriereversprechen aus meinem „Paradies“ ins HQ locken will, erntet der Arme ein „Nein danke, ich sage lieber Du A… als Sie A…!“. Der Grund, warum ich Deutschland verlassen hab, gilt nach wie vor, was sich auch in meiner Antwort auf seinen Kommentar niederschlägt, dass tägliches Mopedfah'n zur Arbeit im chaotischen Jakarta wohl nicht von der Berufsgenossenschaft gedeckt sei, speziell wenn Auto nebst Fahrer gestellt werden.

Antwort: „Wann fliegen Sie wieder?“ Er meint’s ja gut, doch der Rebell lebt noch!

Überhaupt, Angestellte … neben Haus, Garten, Pool, Auto und Fahrer zählen wir plötzlich noch Gärtner, Nachtwächter und Hausdrachen (nein, ganz liebe Dame!) aus dem nahen Kampung (Dorf) zum Haushalt. Nicht weil wir es unbedingt brauchen, sondern vor allem, weil dies vor ungewünschten Übergriffen ebendieser Nachbarschaft schützt. Bei Löhnen von 80 bis 120 DM im Monat ist es nur fair, ein paar Einkommen zu schaffen. Arm und Reich leben in Jakarta auf zwei Seiten derselben Straße und Arm auch auf dem Bürgersteig. Der Verkehr ist ein komplettes Chaos, 1991 wird die erste Hochstraße vom Flughafen (Nordwesten) nach Süden gerade erst angefangen, die geplante Autobahn im Süden ist nur als brachliegendes Gelände oder anhand der „zufällig“ abgebrannten Slums zu erkennen und mit dem Auto steht man schlicht nur in Staus. Da kommt die 600 XL gerade recht, für mich sind Bürgersteige und Millimeterabstände tägliches Brot des fahrdynamisch künstlerischen Ausdrucks, zumindest nach den ersten drei Monaten „Akklimatisierung“, die sich in dreimal Bodenknutschen ausdrückt. Erst im Kreisverkehr über allgegenwärtige Dieselspur abgegangen, dann bei Überschwemmung in Straßenloch gefallen und zum Schluss die Krönung: nachts auf bremsenden Bus – klar, ohne Bremslichter – aufgelaufen und dann im Stand mit Bierschädel umgekippt. Zugegeben, kein Highlight, doch nix passiert.

Sozial war Jakarta am Anfang ein Schock für uns. Nicht nur die total konträren Lebens- bzw. Überlebensmöglichkeiten der Einwohner, sondern auch private Kontakte. In Saudi-Arabien waren wir es gewohnt, dass neue Leute sofort gegriffen und in die Gemeinschaft eingeführt werden, ohne Wenn und Aber. Hier – kümmert sich keine alte Sau um dich. Kneipen, Kinos, Restaurants – alles im Überfluss vorhanden, also bist du erst mal allein, wenn du nicht rausgehst.

Meine bessere Hälfte tut sich anfangs damit besonders schwer. Auf Kneipen hat sie nur selten Lust und private Kontakte kommen zunächst eher aus meinem geschäftlichen Umfeld. Da ist zum Beispiel der deutsche Montagsstammtisch in der „Tavern“ des Hyatt Aryaduta ein Highlight. Nach Büro zum Training im „Gym“, dann direkt runter an den Tresen. Da stehen Jahrzehnte von Erfahrung herum, aus allen Facetten des Lebens, und einige werden dann auch sehr enge Freunde, teils bis heute.

Das Schöne ist, man lebt ja eigentlich im tropischen Paradies und sobald man aus Jakarta rauskommt, ist das meist auch so. Also, nix wie raus, so oft es geht. An Wochenenden üblicherweise ans Meer im Westen Javas (Pelabuhanratu) oder im Norden (Carita Beach), Frauen und Kids mit Fahrer im Auto, wir Jungs auf den Mopeds in rund acht wilden Stunden durch die Pampa über teils zerfallene Wege inklusive schwankender Bambusbrücken, die wir erst mal reparieren müssen, bevor es weitergeht. Kollege Werner fährt gut und flott, kennt sich super aus und kennt keine Gnade. Weder bezüglich dessen, was er Weg nennt, noch bezüglich mir (der Anfang war knochenhart, doch ich lerne viel) oder der armen Kerle, die ihm auf der Straße im Weg stehen. Morgens um sechs noch nicht so gut drauf, müssen jede Menge Rückspiegel die Zeche zahlen und so mancher wird mittels eisenbeschlagenen Motocross-Stiefels „kurskorrigiert“.

Die Kisten sind natürlich alle illegal! Seit 74 gilt, höchstens 200 ccm. Völlig indiskutabel gibt's daher nur zwei Möglichkeiten: entweder Kiste einschmuggeln und über halblegalen IMBI-Club (bestehend aus Polizei- und Armeeangehörigen!) teuer und oft mit langen Pausen zulassen oder einschmuggeln, Rahmenschild von legaler 150er Unfallkiste auf den Rahmen nieten und voilà – sieht halt ein wenig groß aus, grins. Und überhaupt, wer kontrolliert denn? Das erste Mal, als ich angehalten werde, regelt ein 10er den „Verkehr“, das zweite Mal ein 5er, ab dem dritten Mal halte ich nicht mehr an, sondern gebe Gas und ignoriere die Jungs, kommt eh keiner hinterher. Außer einem Mal im Zentrum am Ringverkehr der Thamrin, da stoppt mich ne 750er Suzi mit Uniform im Sattel. Der kann, wenn er will, also halte ich und erzähle ihm alles über meinen „Umbau“ auf Deutsch. Als ich dann auch noch völlig begeistert auf seine Kiste zulaufe und ihm den Zündkerzenstecker abziehe, hat er genug und scheucht mich weg. Frechheit siegt!

Das ultimative Aha-Erlebnis kommt jedoch 1992 mit der Harley. Die 750er WLA, Baujahr 47, erwische ich durch Zeitungsannonce und sofortigen Kauf frühmorgens vom – deutschen Konsul, der das Land verlässt. Überzeugt hab ich ihn, da ich auf der Kiste trotz Fußkupplung, Tankschaltung, Vorzündung und leidlich funktionierenden Bremsen sofort wie daheim unterwegs bin. Sie ist gut restauriert und ausgerüstet mit legalem, doch seit acht Monaten abgelaufenem Nummernschild, klar erkennbar auf demselben. Aber – es ist ein CD, heißt Diplomatenschild. Laut donnernd komme ich also mit Ankündigung und abgelaufenem CD-Schild an die erste Kreuzung und – die Jungs in Uniform salutieren! Keiner will was! Der Hammer! Ab dem Tag hängt eine bunte Mischung an CD-Wechselschildern für die Honda in der Garage!

Nicht für die Harley. Vor 1974 auf der Straße kann ich sie auf mich legal zulassen, wäre da nicht das kleine Missgeschick, dass die Kombination aus Rahmen- und Motornummer leider nicht der in den Papieren entspricht. Ups, für die Botschaft offensichtlich kein Thema, doch der Bernd (fängt ja auch mit B an) braucht hier Flexibilität. Immer nach dem Motto „Probleme sind zum Lösen da“ organisieren wir über den örtlichen „Vintage Harley Club“ einen netten Uniformierten, der flugs gegen Einwurf kleiner Münzen die vorher rausgeflexten Nummern durch original erscheinende neue Nummern, eingehämmert nach Papieren, ersetzt. Alles geht, passt scho.

Dann ist da ja auch noch „Java Lava“. Hanns hat mich eingeführt und es ist mein Marathonersatz schlechthin. Einmal pro Monat geht’s auf einen Vulkan, Drei- bis knapp Viertausender, oft noch aktiv, in Java, Sumatra, Bali, Lombok usw. Privat organisiert von naturbegeisterten Krabslern und vor allem Herberts Sekretärin, sind wir meist so um die zwanzig, die sich durch die letzten Winkel der Inseln nach oben kämpfen, um die Wahnsinnsaussicht zu genießen. Meist an zwei bis vier Seiten ist das Meer in strahlendem Sonnenschein bei auf dieser Höhe moderaten Temperaturen (ab 2500 Metern herrscht morgens Frost) und weit über den Wolken zu sehen. Traumhaft, deshalb bin ich auch meist lange vor allen anderen am Gipfel (Wüstentraining sei Dank) und einen Riesenspaß haben wir, im Herzen lauter Wilde.

Natürlich sitzt man nicht am anderen Ende der Welt, ohne sich auch die Umgebung anzuschauen. Kindgerecht im gemieteten Wohnmobil geht's daher im Urlaub durch ganz Neuseeland sowie im Jahr darauf nach Cairns und entlang der Ostküste Australiens gen Süden, wo wir u. a. Hanns (siehe Java Lava) und Stella in ihrem neuen Domizil in Sydney besuchen.

Doch im Endeffekt stehe ich mehr und mehr mitten in diesem sehr aktiven Leben und genieße es, wobei mein Spatz'l, damals einundvierzig, immer seltener daran teilnimmt (Originaltext: „Ich brauche das nicht mehr in meinem Alter"), und unsere offensichtlich relativ unterschiedliche Auffassung der Kindeserziehung hilft auch nicht. Kurz, wir leben uns auseinander, es kriselt laufend und als die beiden im September 94 nach sechs Wochen Deutschlandurlaub zurückkehren, geht es nur ein paar Tage, bis unser Vierjähriger meint: „Könnt ihr nicht einmal frühstücken, ohne zu streiten?" Nun ja, recht hat er!

Selbst Kind geschiedener Eltern frage ich mich daraufhin ernsthaft, ob ich wirklich noch Jahre so weitermachen will oder ob es auch für ihn nicht besser ist, einseitig harmonisch als zweiseitig disharmonisch aufzuwachsen. Der Prozess dauerte ein paar Wochen, doch dann entscheide ich mich für möglichst allgemeine Harmonie und da wohl anders nicht möglich, auf getrennten Wegen.

Ich glaube, für Dennis war es sehr schwer, vor allem da ich ja wirklich weg bin, außer Telefon mit einem Vierjährigen geht wenig. Doch das Spatz'l und ich schaffen es, ein vernünftiges Verhältnis zueinander zu finden, wofür ich ihr vor allem in seinem Sinne sehr dankbar bin. So habe ich ihn mindestens einmal pro Jahr in den Sommerferien, erst in Europa, bis er acht ist, dann wo immer ich lebe.

Wie auch immer, der Auszug der beiden zurück in die Wohnung in Deutschland im Oktober lässt auch mich emotional gebeutelt in der Ecke stracken. Muss den Kopf freibekommen, dringend! Was tun, sprach Zeus, und die Lösung des Dilemmas, das war klar, kann nur auf dem Rücken eines Stahlesels stattfinden. Frische Luft tut not! Weiß nicht mehr genau, wie, doch ich finde einen Mietkaufanbieter für Yamaha 650 XTs in Melbourne, der just Anfang November auch noch eine Tour von Darwin durch Zentralaustralien anbietet. Drei Tage später ist der Zuständige im HQ davon überzeugt, dass mein HQ-Gegenstück dringend seinen eklatanten Mangel an jeglicher Auslandserfahrung ausbügeln muss, indem er kurz darauf für zwei Monate meinen Job in Jakarta übernimmt. Gesagt, getan. Er kommt, eine Woche Übergabe, ich gehe – sieben Wochen Australien!

Wir sind dreizehn Mopedfahrer, drei Beifahrerinnen und ein Armeelaster mit Anhänger für den Mechaniker und Koch in Personalunion sowie Gepäck, Ersatzmaschine, Motoren, Werkzeug und vor allem – Reifen! Los geht's in Darwin und entlang des Stuart-Highways für knapp drei Wochen über Alice Springs, Coober Pedy (Opale und Mad Max!), Adelaide und die Great Ocean Road nach Melbourne. Umständehalber eher spärlich gesprächig finde ich in der Truppe zumindest zwei Jungs, die die Cross-Eskapaden im Outback mitmachen. Der Rest fährt auf der Straße, doch wir fetzen wie losgelassen ständig durchs Outback, sehen abends aus wie die Schweinchen und selbst der Überschlag mit Helmbruch und völliger Zerstörung der Kiste eines der beiden anderen wird ignoriert. Ihm ist nichts passiert, Ersatzmaschine haben wir dabei und weiter geht's, die Jungs passen! Mangels Kommunikationsbedarf helfe ich abends beim Bier lieber dem Mechaniker/Koch, die Kisten zu warten/reparieren, und lerne dabei mal wieder viel. Er ist happy und ich auch, wenn ich unterm Sternenhimmel dann in den Schlafsack krieche, da ich Zelt schlicht ablehne.

Nach Melbourne fahre ich endlich alleine weiter. Erst mit der Fähre nach Tasmanien, um Dietmar, der mir in Saudi-Arabien das Tauchen beigebracht hatte, zu besuchen, dann an der Westküste nach Hobart und an der Ostküste zurück. Nun mit Gepäck ist die Kiste recht schwer, also werden manche der herrlichen Kurvenstrecken dreimal gefahren (hoch, Gepäck in den Straßengraben, runter und wieder hochgefetzt, man gönnt sich ja sonst nichts!) und bei den noch häufig vorhandenen Offroad-Strecken (selbst die „Autobahn" durch Zentraltasmanien ist ungeteert, doch ich bretter eh meist durch die kleinsten Pfade, die auf der Karte zu finden sind) komme ich teils böse ins Schwitzen. Mit Sternenhimmel ist auch nichts mehr, zu kalt. Doch B&B in der Pampa ist eigentlich die richtige Medizin. Durchweg äußerst gastfreundliche Menschen in relativ einsamen Gegenden geben mir abends meist einen sehr enthusiastischen Empfang (Allein mit dem Moped? Wo warst du denn schon?).

Einmal komme ich nach 400 km Regen völlig durchnässt und kalt in ein Nest an der Küste, neben dem B&B-Schild klebt noch ein Maniküre-Ladenschild. Ich, blau (nicht von Suff oder Kälte, sondern vom blauen Leder, das auf mir klebt) und saudreckig, klingel; sie öffnet adrett und topgestylt. Ups, denke ich, das wird wohl nix. Weit gefehlt! Ich muss mich sogar noch der Maniküreofferte mit den Worten „Ist sinnlos, sieht morgen eh wieder gleich aus" erwehren.

Nach Tasmanien kommen die Snowy Mountains unter die Räder und im Inland-Küsten-Zickzack geht's nach Sydney und, ja, zu Hanns und Stella, die dann doch wohl etwas geschockt über den wilden, bärtigen, dreckigen doch irgendwie vertrauten Burschen an der Tür ist. Nichts, was eine deftige Dusche nicht korrigieren kann, doch erst nach ein paar Bier, nur keine Hektik. Von den Blue Mountains ging's zum Glück runter, da die mittlerweile zweite Kette nach nunmehr 12 000 km durch Sand und Dreck über die komplett blankgeschrubbten Ritzel beim geringsten Gasdruck fast schon elegant, doch unvermeidbar „gleitet". Hoch wär ich nicht mehr gekommen.

Erst reparieren, dann drübe
West Java auf Honda 600XL
(Bild oben)

Dennis mit Harley WLA
in Jakarta (Bild, Mitte recht

Abendliche Wartung der
650 XTs im australischen
Outback (Bild, Mitte links)

Allein auf weiter Flur
beim Dampfablassen
(Bild, unten links)

Wenn sie losgelassen …

Am 31.12.94 lande ich frei im Kopf wieder in Jakarta. Ziel erreicht und ab in die Tavern, ist schließlich Silvester. Dort ist die ganze Truppe und vor allem – Henny. Seit Mitte 93 kennen wir uns, als sie den Sportclub des Hyatt Aryaduta als Managerin übernommen hat. Ähnlich unkonventionell wie ich und seit neustem auch wieder frei kommt, was wohl kommen sollte – es funkt! Ursprünglich hasst sie diesen deutschen Querkopf ja fast. Beim Training konzentriert, ungeduldig und nicht zwingend gesprächig ist der Sportclub vor allem mein Ventil nach Arbeit oder Frust zuhause. Doch nach eineinhalb Jahren kennt man sich auch ein bisschen und das Gesamtbild schien zu stimmen.

Für mich ist sie zu dem Zeitpunkt einfach wild, unbändig, laut und sexy. Sie fährt sogar Moped mit mir und selbst ein unangekündigter (vergaß einfach, dass sie hinten draufsitzt) Sprung über eine der typischen holländischen Brücken in der Pampa bringt mir zwar ne Kopfnuss, doch relativ wenig Gezeter ein. Später steigen wir mal bei 70 km/h wegen plötzlich blockierter hinterer Trommelbremse in Mitteljava ab. Voll in Leder haben wir Blessuren, doch nichts Ernstes und vierzehn Tage später, nach Einschmuggeln der u. a. zwei gebrochenen Holme, sitzen wir auch schon wieder auf dem Hobel. Ganz meine Linie!

Es ist auf jeden Fall immer was los. Oft sind wir abends nach meinem Sport aufs Moped und noch wohin und nicht selten geht sie später heim als ich. Einmal fahren wir mit dem Auto ins Kino, da es regnet wie wild. Als wir nachts um zwei zu mir heimfahren, stehen da doch ganz frech wieder mal Uniformen ungehobelt auf der Einfallstraße nach Kemang rum. Da dort viele Ausländer wohnen, lohnt sich der nächtliche Einsatz für die Jungs, ich nenne es „Räubersteuer“. Wie mit dem Moped gewohnt gebe ich Gas – die Jungs spritzen, bis plötzlich einer mit der Knarre mitten auf der Straße vor mir steht. Ups, besser mal anhalten, vergaß, dass ich im Auto sitze. Fenster runter und die Diskussion geht los. Er fragt auf feinstem Indonesisch nach Papieren, ich antworte auf gut Deutsch irgendeinen Blödsinn vom Kinofilm. Nach zwei Minuten fruchtloser Diskussion sieht er Henny und sein Kollege auf der anderen Seite bekommt von ihr ein schrilles „Was willst du, ich komme aus den Philippinen“ auf Englisch zugeschmettert. Verwirrt rufen sich die beiden durch unser Auto zu, uns besser gehen zu lassen – zu schwierig. Selten so gebrüllt vor Lachen wie bei dieser Weiterfahrt.

Mit dem Moped ist's halt doch besser. Eines Tages, auf dem Weg aus Bandung auf Nebenstraßen nach Jakarta, kommen wir an einen ewig langen Stau. Kein Kind scheuer Eltern, fahre ich vor, bis die Uniformierten mich an einer Polizeistation anhalten. Wir warten alle, damit Papa Präsident Soeharto an der Hauptstraße freie Fahrt hat. Na super. Frech wie immer ist mir das zu blöde und ich fahr mit der illegalen Kiste auf den Polizeihof in den Schatten und stelle mich direkt neben deren 125er Crossmaschinen. Der Unterschied ist riesig, die Begeisterung für Benzingespräche auch, es gibt frischen Tee und Henny weiß nicht, ob sie übersetzen oder weglaufen will. Alles im grünen Bereich!

Manche Freunde und die Hausgeister schauen zwar anfangs dumm, doch irgendwann im Frühjahr zieht sie dann mehr oder weniger ein und im Sommer geht's in den ersten Urlaub zusammen. Ich hab alles vorbereitet, eine Woche Tauchkurs für Henny auf Gili Trawangan (Lombok) und dann zwei Wochen Tauchen auf einer Pinisi (Zweimastsegler) von Sumbawa über Komodo nach Flores und zurück. Hat auch alles geklappt, bis wir in Bima (Sumbawa) am Flughafen sitzen und die Segler durch Abwesenheit glänzen. Zwei Stunden später erreiche ich einen telefonisch und ernte ein „Ups, wir haben euch doch per Mail geschrieben, dass alles abgesagt ist, da Papa Soeharto zu Ehren des Unabhängigkeitstages alle Segelschiffe kurzfristig nach Jakarta beordert hat, gebucht oder nicht, egal“. Tja, der Papa kann, wenn er will!

Mangels Handys und Netz auf Gili Trawangan (1995!) wissen wir von nichts. Na gut, erst mal ab in ein Hotel und beim Bier am Strand Wunden lecken. Gar nicht so einfach in Bima, doch ein echt lieber und findiger Taxifahrer weiß Rat. Da sitzen wir nun in der Pampa mit wenig Barem (Tour war ja vorausbezahlt, Kreditkarte kennt dort noch keiner) und müssen uns entscheiden. Schwanz einziehen und nach Bali, dort funktionieren Kreditkarten schon, oder auf Risiko weiter nach Flores zum Tauchen, wird schon irgendwie klappen.

Abenteuer siegt! Besagter Taxifahrer zahlt tatsächlich unsere Unterkunft und den Flug nach Flores (!), was meine Sekretärin ihm (erst mal) aus ihrer Tasche aus Jakarta überweist, und schon sind wir flügge. Geht alles!

In Labuan Bajo finden wir dann auch tatsächlich einen und wirklich nur einen Tauchladen, der Kreditkarten akzeptiert und uns sogar ein wenig Bares auszahlt. Mit einem lokalen Fischerboot fahren wir also, unterwegs noch tauchend, nach Komodo und von dort mit Fähre zurück nach Sape auf Sumbawa, von wo unser Taxifahrer uns wieder nach Bima bringt, um festzustellen, dass der Flug nach Bali heute leider abgesagt ist. Die letzte Nacht frisst den Rest des Baren und da Taxifahrer auf Bali nur gegen Vorauskasse vom Flughafen zu haben sind, mobilisiere ich mit den buchstäblich letzten Pfennigen per Telefon (Henny muss wählen, ich hacke zu nervös auf die Tasten) Ex-Kollege Egon, inzwischen Hotelier in Legian, uns doch bitte abzuholen. Das Netzwerk funktioniert halt!

Und Henny? Die macht das tatsächlich ohne große Moserei alles mit. Passt!

November 95 kommt der Anruf: „Herr Lübcke, fliegen Sie nächsten Samstag doch mal kurz nach Hanoi, wir hätten da was." Hmm, hört sich spannend an, also ab in den Flieger und los. Der Flieger ist schon mal eine Sache für sich. Bin ja einiges gewohnt von den indonesischen Inlandsfliegern wie Buraq und Konsorten, doch eine uralte russische Iljuschin hat was! Schwesterherz würde spätestens hier streiken. Mangels großen Gepäcks flott am Taxistand, auf dem vier (!) Taxis zu sehen sind, bekomme ich eines davon. Wie der Rest des vollen Fliegers in die 30 km entfernte Stadt kam, ist mir ein Rätsel. Auf jeden Fall schlage ich in der samstags leeren Villa in der Phan Boi Chau (damals Representative Office) wohl eher unerwartet auf, denn als ich die zwei einzigen Anwesenden in einem Raum entdecke, kommt mir nur ein „Ja, wo kommen Sie denn her?" entgegen. Nicht nur haben sie vergessen, mich abzuholen, sondern sie sind vor allem erstaunt, wie ich ohne Abholung überhaupt ankam. Jedenfalls ist das Eis schon direkt angekratzt und Michel bekommt tags darauf einen künftigen Partner, doch erst ab Mai 96, nach dann viereinhalb Jahren Indonesien.

Allerdings muss ich Henny vorher erst mal davon überzeugen mitzukommen. Nicht einfach für sie. Da ist Fitri, ihre elfjährige Tochter bei den Eltern in Surabaya (Vietnam ist weit weg), deren Unterhalt, doch vor allem auch ihre mühsam aufgebaute Karriere im Management eines Fünfsternehotels und die damit verbundene geliebte Unabhängigkeit. Nun ja, wir bekommen es aussortiert und sie springt ins kalte Wasser. Mutig!

Es gibt auch noch ein paar Kleinigkeiten zu erledigen. Ich schreibe nach Jahrzehnten der unabhängigen Rumwurschtelei die ersten Buchhaltungsrichtlinien für unsere Betriebsstätten im Land. Man glaubt es nicht. Auch die allererste SAP-Einführung in Asien begleite ich für die Landesgesellschaft, zumindest bis die ebenerdig platzierten Server kurz danach in der großen Februarflut 1996 untergehen. Leider gehen auch Achim und Eugenia unter. Ihr Haus in den Niederungen nahe Jalan Buncit steht einen guten Meter unter Wasser.

Dann ist da natürlich auch noch Deutschland, diesmal zusammen. Den Umzug auf die Reise geschickt, den Kater Tiger aus Saudi-Arabien in Singapur geparkt, landen wir am 1. April (kein Scherz!) und Mama macht extra Sauerbraten zum Empfang. Henny probiert und sagt: „Mhmm, gut, Mama – hast du auch Chili?“ Mama: „Na klar, extra aus dem Asia-Shop besorgt“, und kommt mit einer homöopathischen Portion, die Henny mit zwei Gabeln direkt niedermacht. Die Gesichter am Tisch sind mal wieder Gold wert.

Der nächste Tag bringt strahlenden Sonnenschein bei vier Grad, plus wohlgemerkt. Also ab ins GT-Cabrio, Dach runter und los nach Heidelberg. Unterwegs ist Henny noch gut drauf und flirtet im Stau sogar mit Wachen der Bundeswehr eines Munitionsdepots, doch als wir nach 50 km ankommen, ist sie trotz der vier Lagen, die Muttern ihr verpasst hat, so steif, dass ich sie schon rauslupfen muss. Ergebnis: Na ja, der kleine Dennis hat was zu tun und pflegt sie liebevoll drei Tage lang.

Drei Wochen später, am Tag des Abflugs, hole ich mir in Erlangen noch die Marschbefehle und mein Chef sich eine Abfuhr ab. (Nein, ich werde nicht innerhalb eines Jahres ein Joint Venture gründen, aufbauen, einen lokalen Nachfolger suchen, einlernen und dieses ihm dann übergeben. Im kommunistischen Vietnam, gerade erst am Aufwachen? Wo soll der denn herkommen?)

Henny „parke“ ich frühmorgens in der Fußgängerzone mit 8000 DM Startkapital für Hanoi. Leider nur Tausenderscheine. Gab wohl ein Problem, als sie sich ein Buch kaufen wollte, hat sie aber gut gemeistert, indem sie auf den Laden aufpasste, während die Dame wechseln ging! Einige Kaffees später sind wir mit meinem (wiederum neuen) Chef noch essen, wo sie auf seine Frage, ob sie denn überall mit mir hinginge, meint: „Klar, überall!“ Auch nach Sibirien? Klar, auch nach Sibirien! Kurze Pause, dann sie: „Was ist Sibirien?“

Tags darauf holen wir Tiger in Singapur ab und landen in Hanoi.

Hanoi, Vietnam

Der Anfang ist chaotisch, ich hätte drei Monate früher da sein sollen. Meine vier technischen Kollegen sind im Endstadium eines für die winzige Einheit riesigen Angebots für die gesamte Elektrifizierung eines 30-Stockwerke-Hotels. Finanziert aus Indonesien mit von englischen Beratern kreiertem Vertrag und das im wilden Osten! Das Angebot ist fast fertig, doch den Vertrag hat sich bis dahin noch keiner angeschaut und der hat es in sich. Kurz, der war eine Einladung zum wirtschaftlichen Selbstmord und meine hektisch in vier Tagen produzierten mannigfaltigen Änderungswünsche werden vom Kunden mit „Take it or leave it“ kommentiert. Wenigstens ist einer so fair und steckt mir abends beim Bier dann, dass wir eh nur als Vergleich dienen sollen. Drei Monate Arbeit umsonst für unsere Jungs, doch nun wissen sie wenigstens, warum ich da bin. Dieser Hotelbau verschleißt später drei Elektrik-Kontraktoren, bis er fertig ist.

Bald ist auch der erste Auftrag drin. Elektrische Ausrüstung einer neuen Kabelfabrik. Mangels Eigenpersonal frage ich Unterauftragnehmer für die Installation an: drei lokale Staatsunternehmen (Company No. 2, No. 5, …), einen Singapur- und einen Hongkong-Chinesen. Die Staatsunternehmen senden Angebote ohne Beschreibung mit einer Zahl drauf. Selbst auf Nachfrage, was in der Zahl denn so alles enthalten sei, kommt nicht viel mehr oder gleich gar nichts. Wir vergeben an Hongkong und plötzlich kommt ein Schreiben der Company No. 2 nach dem Motto „Entweder ihr nehmt uns oder wir sorgen dafür, dass ihr aus dem Land fliegt“. Schluck, erst mal drüber schlafen. Meine Antwort ist dann simpel: „Entschuldigen Sie, eventuell missverstehe ich ja was. Ist dies nun ein Angebot oder eine Drohung?“ Kopie mit Ursprungsschreiben an sechs verschiedene Minister der Regierung. Das sitzt. Nie wieder was gehört. Klar, es geht keine der Kopien raus, reiner Poker, doch geschwitzt hab ich schon.

Privat suchen wir uns ein typisches Hanoi-Häuschen, ca. 6 × 8 m Grundfläche, vier Stockwerke hoch. Doch alleinstehend und in sehr ruhiger Lage mit Dachterrasse, direkt am Ho-Tay-Seeufer gelegen – das ist eher sehr untypisch. Die paar Möbel, die wir aus Jakarta mitbringen, sind rein fürs Wohnzimmer, unser schönes Rattanbett passt nicht durchs Treppenhaus, also ist alles andere schlicht leer.

Möbelgeschäfte gibt's genauso wenig wie simple Supermärkte oder Ampeln. Also sitzt Klein Bernd an den Sonntagen auf dem Boden und zeichnet Möbel: Schränke, Anrichten, Betten, Tische und Stühle, Küchenmöbel und – klar, die Bar! Nun ist Henny gefragt! Sie geht los mit meinem Fahrer und sucht Möbelbauer, denen sie die kruden Kreationen dann verklickern muss, mit denen sie Holz und Rattan bestimmt und bei denen sie kontrollieren darf, ob die Nägel richtig herum eingeschlagen sind. Kein Witz, sie muss einige korrigieren.

Einkaufen ist generell noch eine Herausforderung, mangels Supermärkten oder OBIs taucht man in der Altstadt in die 36 Straßen ein. Jede hat so ihre Spezialitäten, die eine Fleisch, die nächste Werkzeug, dann Handtücher usw. Kurz, Lebensmittel waren brauchbar, doch alles andere entweder übelster Qualität oder schlicht nicht auffindbar, wie zum Beispiel simples Silikon zum Abdichten der Butzenfenster im Haus, durch die der Taifun den Regen presst.

Aufgrund dessen fliegen wir im Schnitt alle sechs Wochen nach Singapur zu Hanns und Stella, die inzwischen dort wohnen, mit zwei leeren Koffern, um voll zurückzukommen.

Henny hat nie Lust auf Großeinkauf, also gehen Hanns und ich mit der Liste los, bis wir durstig werden – der aussortierte Rest der Liste wird dann als „nicht verfügbar" deklariert und wir sind gut drauf. Dort bekomme ich dann auch endlich Silikon, nachdem unser Hauswirt versucht hatte, das Problem mit einer Styropor-Benzin-Mischung zu lösen. Die Bude stank fürchterlich danach und nach dem nächsten Taifun, der nicht nur einen Wasserfall von der Dachterrasse übers offene Treppenhaus durchs Wohnzimmer schickte, sondern auch unsere Aktion, die Möbel mit Handtüchern vor quer einblasendem Wassernebel zu schützen, schlicht erfolgreich ignorierte, war dann Schluss mit lustig.

Krank werden sollte man auch nicht zwingend. Das städtische Krankenhaus hat innen wie außen Schimmel an den Wänden, ein (!) privater Notdoktor hat ein (!) Bett zur Verfügung und Hennys heftige Blasenentzündung endet im Notausflug nach Bangkok. Und – richtig, nur nicht die leeren Koffer vergessen.

Ansonsten fühlen wir uns von Anfang an sehr wohl in Hanoi. Abenteuer pur! Abends um acht fällt bei uns auf der Halbinsel regelmäßig der Strom aus. Bald genervt spreche ich unseren CEO an, der just gerade einen neuen Generator nach Hause geliefert bekommt. Super, ich bekomme seinen alten Russendiesel; fast mannshoch und gute zwei Meter lang, liefert der 50 PS bei infernalischem Lärm und Rauch. Also baut mir der Hauswirt auf das freie Gelände zwischen der traditionellen Winzhütte seines Schwiegervaters und uns eine gemauerte Unterkunft für den Guten. Nach der ersten Betriebsnacht führt der Auspuff plötzlich in ein Wasserloch dahinter, drei Nächte später haben wir mirakulös plötzlich keinen Stromausfall mehr. Erst später finde ich heraus, dass Schwiegerpapa wie gewohnt den Hauptschalter umlegte, wenn er um acht in die Heia ging. Das hat er sich dank Russendiesel dann abgewöhnt.

Überhaupt, unser Hauswirt ist uns unendlich dankbar für den Einzug und die 2000 US-Dollar Miete monatlich, damals ein Vermögen in Hanoi. Die Halbinsel ist eigentlich eine Gärtnerei mit Massen an Lotuspflanzen, also bekommt Henny täglich frische geliefert. Mangels Kommunikationsmöglichkeiten können wir ihm erst mit unserer frisch eingestellten Putzfrau, die ein paar Worte Englisch beherrscht, sanft beibringen, dass wir keinen Platz für Blumen mehr haben. Als er mitbekommt, dass sie mit dem Jetski täglich vom Hotel am Ufer gegenüber abgeholt und angeliefert wird, baut er ihr flott Steg und Dusche ans Seeufer. Wat mutt, dat mutt!

Ja, Henny macht direkt Karriere! Beim Essen in besagtem Hotel steckt uns der Manager, dass sie gerade einen Sportclub für betuchte Ausländer etablieren. Sie wird direkt als „Berater" eingestellt und fängt an, den Laden zu managen.

Gleich am dritten Wochenende, wir leben noch im Hotel, buchen wir im „Cha Ka La Wong" (Backpacker-Restaurant) einen Ausflug zur Halong-Bucht, mit dem Bus (drei Stunden), inklusive einer Übernachtung und Schiffstour durch die wunderschöne Insellandschaft für fünf US-Dollar pro Mann. Der Bus ist ein alter amerikanischer Schulbus, es regnet durchs Dach, der Motor säuft bei Starkregen ab und ich befinde mich allein auf der Rückbank, da dich das Heck mangels funktionalen Dämpfern ständig in die Luft schleudert. Einfach herrlich, wie Rodeo! Am Wochenende darauf ziehen wir ins Haus, Henny stellt unseren Tiger der Nachbarschaft vor („Bitte nicht essen" in Zeichensprache, die Katzen- und Hunderestaurants sind schließlich nur ums Eck), Hanns besucht uns und testet das Eigenbaubett, indem er es als Trampolin benutzt, und ich bekomme endlich wieder adäquaten Untersatz.

Mopeds über 175 ccm sind in Vietnam privat verboten. In Hanoi gibt's damals vier große Mopeds. Eine chinesische Kopie einer 750er BMW Boxer mit Seitenwagen, Modell Zweiter Weltkrieg, gefahren von einem Hünen eines Belgiers, der den Uniformierten die ersten Computer einrichtet und dafür u. a. die Polizeimaschine fahren darf. Der einzige, den ich bisher gesehen habe, der den Seitenwagen während des Fahrens hebt, um schlanker (und imposanter) durch das Kreuzungschaos Hanois zu kommen. Dann gibt's zwei Yamaha 650er XT und eine 660 Ténéré. Die drei Yamahas haben französische Botschaftsnummernschilder und genau dreißig Tage nach Landung gehört die Ténéré mir und ich bin Quasi-Mitglied der französischen Botschaft.

Fortan fahre ich täglich Moped im Fahrradgewusel und Henny hat meinen Firmen-Fiat samt englischsprachigem (!) Fahrer. Bis ... nun ja, bis sie sich mit Marktweibern anlegt und im Laufschritt durch die offene Wagentür hechtet mit den Worten „Go, go, go!". Tags darauf haben wir einen englischsprachigen Fahrer weniger, und die wachsen nicht auf Bäumen.

Überhaupt, Personal. Wie erwartet ein schwieriges Thema, da die Älteren eher kommunistisch eingestellt sind und die Jüngeren halt wenig Erfahrung haben. Dafür sind diese wesentlich flexibler und teils gut ausgebildet. Wir finden zwei deutschsprachige Ingenieure, beide in der DDR studiert. Einer ist mangels adäquater Jobs Aufzugführer im Hotel, der andere mein Taxifahrer am Anfang. Mit entsprechender Weiterbildung im HQ perfekt für unseren Aufbau. Hindernis ist jedoch ein weniger flexibler junger Mann, der deutsche Konsul in der Botschaft. Als er dann auch noch mit dem Spruch kommt „Ich bin nicht hier für die Deutschen oder die deutsche Wirtschaft, sondern für den deutschen Staat", explodiere ich. Der arme Botschafter weiß gar nicht, wie ihm geschieht, doch meine Drohung, ebendiesen Spruch direkt ans HQ nach Deutschland zu melden, bringt die Visa dann doch flott zustande und den Konsul bald außer Landes.

Der Aufbau geht voran, die ersten Aufträge sind drin, der Joint-Venture-Partner ist ausgesucht und dann ändert die Regierung im August die Joint-Venture-Gesetze nach dem Motto, Ausländer dürfen alles Geld mitbringen, doch Lokale erhalten nicht nur automatisch 30 % Eigentum, sondern nun auch 50 % Stimmrecht und haben künftig per ausschließlich lokalem CFO und Einkaufsmanager den Zugriff auf ebendieses Geld.

Na ja, der Chef der staatlichen EVU tröstet mich nach verlorenem Angebot einmal mit folgendem chinesischem Sprichwort: „If you get raped and can't avoid it, lean back and enjoy it" (Wenn du vergewaltigt wirst und kannst es nicht verhindern, lehne dich zurück und genieße es). Genauso hört sich das neue Gesetz für uns alle an. Wir bauen und warten Fabriken, folglich brechen über Nacht unsere potentiellen Kunden weg. Die meisten Projekte werden entweder auf die lange Bank gelegt oder man schaut sich anderweitig in der Welt um. Vietnam tut sich nichts Gutes mit diesem Husarenstück und es wird später auch wieder revidiert.

Als Henny auf jeden Fall überglücklich Anfang Oktober mit einem festen Managervertrag im Sportclub ankommt, muss ich sie leider ausbremsen und Ende Oktober steht fest, auch unsere Tage sind gezählt. Und, hast du's nicht gesehen, just am Tag nach der internen Entscheidung, getroffen in Vietnam, klingelt doch schon wieder mal das Telefon: „Bernd, ich habe gehört, dass du in Vietnam Schluss machst, sag nirgendwo zu, wir brauchen dich in Jakarta!" Das ist die alte HV-Truppe, für die ich in Saudi-Arabien war, ich hab nur noch gelacht. Ich bin ja immer noch Mitglied des internen Personalverleihs, doch inzwischen verleihe ich mich wohl eher selbst, mein Chef findet vollendete Tatsachen vor.

Da wir jedoch noch laufende Aufträge abzuwickeln haben, dauert es bis Februar 97 bis zum Umzug. Zeit zum Aufatmen. Erst mal packe ich meinen Schatz aufs Moped und wir fahren nach Mai Chau, westlich von Hanoi, in die wilden Berge. Und das sind sie wirklich! Die Straßen sind leer, voller Löcher und teils in die schier senkrechten Wände eingesprengt mit Frauen auf der Fahrbahn, die Steine zwecks halbwegs fahrbarer Oberfläche mit Hämmern kleinklopfen. In jedem Tal tragen die Minoritäten andersfarbige traditionelle Kleidung, eine Gruppe flieht sogar den Hang runter, als sie uns sieht. Halbschale, Bart und Riesenmoped scheinen nicht dem Lokalkolorit zu entsprechen. Nach sieben Stunden wird mein Spatzl nervös dahinten und fängt an zu mosern. Nach acht Stunden finde ich heraus, dass ich irgendwo nicht abgebogen bin und nach Moc Chau anstatt Mai Chau fahre. Ups, Mai Chau ist zwei Stunden zurück – die Explosion hinter mir ist elementar und hält sich so ziemlich, bis wir dann endlich im anvisierten Staatshotel ankommen.

Dieses hat's in sich: zweistöckiger, massiver Plattenbau mitten in kleinem Dorf mit einer Straße. Wir sind die einzigen Gäste und werden in ein Zimmer im zweiten Stock geführt. Da war schon lange keiner mehr drin. Henny, noch immer knarzig, schmeißt sich in voller Ledermontur aufs Bett, die Staubwolke ist bemerkenswert, doch sie pennt erst mal. Na gut, Zeit zum Organisieren. Die Hotelküche besteht aus einem gut geschwärzten Verlies im letzten Eck, fast nichts drin außer Holzofen. Also los ins Dorf, Rohmaterial einkaufen und der netten Dame in der Rezeption mit viel Gestik verklickern, dass sie doch bitte kochen soll. Wo essen? Ihr Mann zeigt mir den Speisesaal, ein riesiges Ding mit Bühne am Ende. Gute zwanzig runde Tische für sechs Mann pro Tisch, Stühle umgekehrt auf den Tischen und alles mit dicker leckerer Staubschicht garniert.

Hmm, wieder ins Dorf, Kerzen kaufen und diese strategisch im Saal verteilen, einen Tisch in der Mitte herrichten, säubern und fertig ist das romantische Dinner mit irren Schattenspielen an den Wänden von den ganzen Stuhlbeinen der anderen Tische. Sag mal einer, ich kann das nicht, das Abendessen ist surrealistisch.

Der Ausblick auf die sonnenbestrahlten Reisfelder umrahmt von 300 Meter hohen Felstürmen und traditionellen Stelzenhäusern aus Bambus am nächsten Morgen entschädigt (neben dem Dinner natürlich) Henny für die Unbill des Vortages. Zumindest bis zum Platten hinten auf der Rückfahrt. Gut, dass es runtergeht, ich sitze auf dem Tank, sie auf meinem Platz und so erreichen wir dann doch noch ein Dorf, das uns den Nagel entfernen kann. Geht alles und vor allem ohne jegliche Störung durch sprachliche Missverständnisse, da eh keiner die Sprache des jeweils anderen spricht.

Nach Weihnachten in Deutschland und Silvester im fast leeren Angkor Wat (damals noch mit Minen im Boden gesegnet und Siem Reap war ein verschlafenes Nest) kommt der Abschied. Klar, Party muss sein, also laden wir u. a. den gesamten Hash (wie gesagt, Hash House Harriers gibt's überall) ein. Vorher wird natürlich nochmal gelaufen, diesmal um ein Dorf mit nur einem Ausgang zur Hauptstraße. Wer immer die Vereinbarung mit den Dörflern bezüglich „Spende“ getroffen hat, machte die Rechnung ohne den Wirt. Wir sind noch im „Down Down“, dem feuchtfröhlichen Wiederbefeuchten der Kehle, als die Ersten fahren wollen und durch einen recht unfreundlich quergelegten Baumstamm gestoppt werden. Bis ich an der Straße bin, geht's bereits rund. Die Jungs wollen wohl mehr Geld und es scheint bereits eskaliert zu sein. Ich erwische auf jeden Fall einen kleinen Giftigen in Tarnklamotten und mit Knüppel in der Hand, der gerade auf einen Kumpel der englischen Botschaft zurennt, am Arm, drehe mich mit seinem Schwung einmal, lass los und schwups, ist er im Dorfteich verschwunden.

Mein Fahrer sieht's, greift mich und meint, es wird Zeit zu gehen, das war der Dorfpolizist! Ups, zum Glück ist er gut drauf und findet einen Weg über die Felder. Die Regionalpolizei hat das Ganze dann aufgelöst, doch es fliegen Steine auf die Autos, die unseren Weg nicht fahren konnten. Nun ja, die Party später ist super und es wird Zeit, nach zehn spannenden Monaten weiterzuziehen.

Jakarta hat uns wieder!

Henny sagt mir in Vietnam noch, dass ich Probleme beim Wiedereingliedern in Jakarta bekommen würde. Ich lache nur und erwidere: „Ich bin ja mal gespannt, was passiert, wenn du nicht mehr auf unwillige Einheimische schimpfen kannst, weil es deine eigenen Leute sind." Und genau so kommt's, ihre Zündschnur ist anfangs extrem kurz. Wir kommen zuerst bei unserem Freund und BMW-Fahrer Ludger unter, dann in einer kleinen Hütte im Garten der Ibu Gautama (Witwe eines der Generäle, die Soeharto nach der Machtübernahme Ende der 60er beseitigen ließ), bis wir schließlich unser kleines Häuschen nahe dem Zentrum in ruhiger Lage des Pertamina Oil Village finden. Vize-Präsident Habibie residiert ein paar Straßen weiter. Gut bewacht!

Meine Aufgabe ist, das Betriebsbüro für Starkstromanlagen in die Landesgesellschaft PTSI zu integrieren und natürlich zu wachsen. Viele der Kollegen kenne ich schon (wie z. B. Ludger) und meinen Ruf hab ich hier auch schon weg. Erleichtert das Aufräumen und funktioniert von Anfang an gut.

Henny, kaum ins neue Haus eingezogen, bekommt plötzlich ebenfalls einen der berühmten Anrufe. Ob sie nicht Sportclubmanager im neuen Shangri-La werden will. Klar will sie! Gut, morgen geht's los!

Super, sie hat eine Aufgabe, ist aufgeräumt und keiner mosert mehr über meine langen Arbeitsstunden. Von da an hole ich sie oft vom Büro aus nachts aus ihrem Club und wir tauchen direkt ins Nachtleben ein. Man ist noch jung!

Zurückzukehren hat auch noch einen anderen großen Vorteil – meine alte Harley steht noch bei einem Kumpel, der sie eigentlich verkaufen sollte. Kurz gestreichelt, läuft sie wieder wie eine eins! Die 600er Honda XL hat er leider geschrottet, doch inzwischen kenne ich mich ja aus. Ein Trip nach Singapur (zollfrei zwei Honda 650er XR gekauft, auseinandergebaut, in Teilen eingeschmuggelt und in der Garage wieder zum Leben erweckt) beseitigt das Problem.

Der XR-Rahmen ist extrem leicht für Crossrennen gebaut und gibt mit dem 48-PS-Dominatormotor und einem 24-Liter-Acerbis-Tank ein knapp 150 kg leichtes Renngerät mit irrer Reichweite ab. Genau richtig für Indonesien. Die zweite Maschine findet auch schnell einen Käufer, womit meine fast bezahlt ist. CD-Nummernschild drauf und los geht's in den Dschungel des Mopedhimmels.

Im Frühjahr kommt die zweite „Harley" – nein, kein Moped, sondern eine drei Monate alte Dalmatiner-Hündin dieses Namens, die erste einer bis heute länger werdenden Hundeahnenreihe. Kater Tiger ist eher unterkühlt begeistert.

Als wir Ende August vom Rundtrip mit Dennis in der Türkei zurückkehren, ist die asiatische Finanzkrise am Explodieren. Die indonesische Rupiah, vorher mit 1500 zur DM bewertet, steht plötzlich auf 9000 bis 11 000! Über Nacht sind Importe nicht mehr bezahlbar und der Mittelstand fängt an, seine Ersparnisse zu verlieren. Geschäftlich eine hektische Zeit, die Inflation galoppiert, Mitarbeitergehälter werden eher wertlos, zum Glück werde ich in DM bezahlt – eine Ausnahme und der Vorteil des „Leiharbeiters". Der CEO der Landesgesellschaft rechnet dem HQ im Oktober vor, dass sein lokales Gehalt nun dem eines Taxifahrers in Erlangen entspricht.

Wir sind im Herbst zwei Wochen auf einer Pinisi (lokaler Zweimaster) im Osten mit der Java-Lava-Truppe zum Bergsteigen und Tauchen unterwegs und bekommen bei Besuchen auf diversen Inseln mit, dass selbst Batteriewasser für die Lokalen aufgrund der importierten Plastikflaschen unbezahlbar geworden ist. Das heißt, kein Strom mehr nachts für kleine Dörfer mit Solaranlagen.

Ich höre auch Unterwasserexplosionen beim Tauchen in den Molukken und bei Banda Neira. Mit Dynamitfischen zerstört die Navy ganze Riffe und damit die Lebensgrundlage der Fischer. Angeblich um die Tagesrationen aufzustocken.

Interessant ist, dass selbst Henny Schwierigkeiten bekommt, sich zu unterhalten. Wir fahren von den Molukken bis Kupang auf Timor im

Süden Indonesiens. Das Land hat ca. 260 verschiedene Sprachen in sich vereint und das „Bahasa Indonesia“ hat sich erst seit den 20ern zur übergreifenden Sprache entwickelt. Auf den kleinen Inseln ist es eine „Fremdsprache“ und die Schulbücher sind noch aus den 50ern und 60ern. Wir haben sie gesehen! Das heißt auch, dass die Weiterentwicklung der Sprache auf Java hier schlicht noch nicht angekommen ist.

Apropos Java Lava: Plan ist, wieder mal auf den 3700 Meter hohen Rinjani auf Lombok zu steigen. Morgens um zehn fängt die Odyssee durch Flugverspätung bereits an der Frequent Flyer Bar in Jakarta an. Erstes Bier heißt erste Selbstgedrehte, und so geht das bis nachts um elf. Zwei Stunden später, perfekt in Schuss, geht die Quälerei los und endet im ersten Mal, an dem mich jemand zum Gipfel schlägt. Und dann auch noch Steffi, gute Freundin, aber …! Auf jeden Fall waren das die letzten Fluppen, die je über meine Lippen kamen.

Anfang Januar zelebriert Papa Soeharto dann seine Neujahrsansprache. Ich hab sie nicht gehört, doch der Effekt war überwältigend. Wirklich über Nacht geht der Kurs von 11 000 auf 19 000 Rupiah zur DM. Noch am Abend gehen die Hamsterkäufe los, die Lebensmittelläden sind ruckzuck voller Menschen. Am nächsten Morgen bin ich mit deutscher Kreditkarte im Einkaufszentrum und erneuere von der Waschmaschine bis zur Musikanlage alles, was noch Sinn macht. Tags drauf ist alles geschlossen, um neue Preise aufzukleben.

Der Papa hält durch bis Mitte Mai, länger als ich für möglich gehalten hatte, doch dann kommt, was kommen musste: AMOK … übrigens ursprünglich ein indonesisches Wort.

Wir sind frühmorgens noch beim Hauptkunden (PLN), der staatlichen EVU, eine 500-KV-Anlage zu verhandeln. So um 11 Uhr wieder im Büro, mache ich mich an die Einarbeitung der vereinbarten Vertragsbedingungen, da beginnt die Stadt schon zu brennen. Als ich gegen 13 Uhr dann fertig bin und aufs Fabrikdach steige, brennt es wirklich, und zwar richtig. An vielen Stellen steigen Rauchsäulen aus

Gebäuden und Fahrzeugen auf, der Mob übernimmt von den Studenten und plündert vor allem Banken und Supermärkte, die Chinesen gehören (die haben um die 2 % Bevölkerungsanteil, doch gerüchteweise 80 % des Geschäftsvolumens unter sich verteilt), zerstört vieles in den chinesischen Vierteln im Norden, vergewaltigt zielgerichtet chinesischstämmige Frauen, stoppt und raubt Fahrzeuge aus etc. Selbst der deutsche Chef der BMW-Niederlassung z. B. wird an diesem Morgen vom Flughafen her mitten auf der Autobahn abgefangen und buchstäblich bis auf die Unterhose ausgeraubt, er läuft darin nach Hause. Ähnlich geht es vielen, die in teuren Autos an diesem Tag unterwegs sind.

Chinesen fliehen in Panik zum Flughafen mit was sie tragen können und verkaufen dort ihre Autos für gerade genug Geld, um einen Flug nach Singapur bezahlen zu können. Andere rüsten ihre Wachdienste mit Waffen aus, um die abgesperrten Wohnviertel im Süden zu bewachen. Polizei und Armee sind an diesem Tag kaum zu sehen, das Gerücht geht um, dass eine Armeeeinheit (KOPASSUS) morgens sogar Randalierer aus den umliegenden Dörfern in die Stadt gebracht hat, also einen Coup unterstützen.

Wir haben das Firmengelände im Osten der damals ca. 14 Mio. Einwohner zählenden Stadt abgeriegelt und warten erst mal ab. Mit dem Dunkelwerden bekommen die Jungs wohl Hunger und die Lage beruhigt sich wieder. Um 9 Uhr senden wir unsere Fahrer mit kleinen Mopeds raus, um die Wege nach Süden, wo fast alle wohnen, zu erkunden. Die meisten sind durch brennende Gebäude oder Fahrzeuge sowie umgestürzte Lampenmasten blockiert, doch einen mit Umwegen finden sie. Eine Stunde später machen wir uns im Konvoi von ca. zwanzig Autos, ausgerüstet mit Zigarettenschachteln, Drinks und Kleingeld, auf den Weg. Es ist eine spannende Fahrt, mehrfach müssen wir um Hindernisse zirkeln und oft werden wir durch Gruppen mit Knüppeln aufgehalten, verteilten unsere „Friedensangebote“ und kommen tatsächlich ungeschoren nach Hause. Ich habe auch noch einen recht bleichen deutschen Kollegen dabei, dessen Hotel in der Innenstadt schlicht nicht mehr erreichbar ist.

Am nächsten Morgen um halb acht bin ich mit dem Moped unterwegs und tauche in das Trümmerfeld ein. Es ist alles ruhig, die Indonesier stehen in Gruppen vor den ausgebrannten Gebäuden, geschockt und trauernd, da inzwischen klar ist, dass vor allem in den Einkaufszentren Hunderte umgekommen sind, die oben noch plünderten, während andere unten die ausgeraubten Räume schon anzündeten. Hunderte ausgebrannter Autos und Busse liegen verstreut auf den Straßen, die ersten Motoren von den Metallsammlern schon für den Schrottverkauf über Nacht ausgebaut. Insgesamt kursieren Zahlen von 1500 bis 5000 Toten (die Gerüchteküche tobt und glaubwürdige offizielle Zahlen gibt es keine) und um die 5000 Gebäuden und Fahrzeugen, die an diesem Tag ausbrannten.

Pünktlich um 8 Uhr liefere ich den neuen Vertragsentwurf wie vereinbart in der Rezeption der PLN ab. Außer den Wachleuten ist keiner da und die staunen nicht schlecht über den bärtigen Buleh (Blassen), der da mit dem Moped nach diesem Tag auftaucht. Ab da ist mein Ruf in der PLN auch besiegelt.

Die Armee übernimmt tags drauf mit Panzern und jeder Menge Soldaten das Ruder in der Stadt. Es wird beschlossen, fast alle Expats erst mal nach Singapur zu evakuieren, ich lehne ab, ist eh schon alles wieder vorbei. Dafür fahre ich die Leute zum Flughafen und hole Henny drei Tage nach den Unruhen mit der letzten Fuhre von demselben ab, sie war zufällig in Surabaya, als es knallte.

Kaum zuhause, packe ich sie auf die 650er, um in die Innenstadt zu fahren, endlich Zeit, alles anzuschauen. Sie: „Bist du wahnsinnig, alles voll mit Polizei und Armee und du willst mit dem illegalen Moped in die Stadt?" Ich: „Klar, wenn nicht jetzt, wann dann? Die haben nun andere Probleme als mein Moped." Gesagt, getan, und es ist die Reise wert. Viele Studenten sind unterwegs, nicht demonstrieren, sondern mit Pick-ups voll von Softdrinks für die Armee, Frieden stiften. Wir schäkern mit vielen Soldaten, die meisten wollen Bilder machen mit dem schönen Moped vor dem Panzer – hab ich heute noch! Kurzum, die Randale ist vorbei, alles friedlich. In der Woche darauf dankt dann auch Papa Soeharto ab und unser „Nachbar" Habibie wird Präsident.

Doch Indonesien ist so ziemlich am Ende. Nach zähsten und für mich auch sehr emotionalen Verhandlungen wird der 500-KV-Vertrag gerade noch unterschrieben, dann geht eigentlich nichts mehr. Im August gönnen wir uns eine Wohnmobilreise durch Frankreich mit Dennis und Disneyland. Kaum zurück, ja, klingelt das Telefon mal wieder. Der HV-Zuständige im HQ meint: „Bernd, kannst du mal morgen kurz nach Bangkok fliegen? Schau dir doch mal die Zahlen an, ob das alles so passt." Na gut, so lande ich knapp vier Wochen vor dem Jahresabschluss in Bangkok und schaue mir an, ob das anvisierte Ergebnis einer schwarzen Null so Sinn macht. Eine Woche später rufe ich im HQ zurück und eröffne dem Zuständigen, dass er mit mindestens 2 Mio., doch wohl eher 4 Mio. DM negativem Ergebnis rechnen muss! Außerdem hat er zwar sechs Kaufleute hier rumsitzen, doch keinen Kaufmann. Jeder wurschtelt vor sich hin, keiner hat den Überblick.

Das schlägt ein wie eine Bombe, doch ich glaube, er hat schon so was geahnt. Seine Reaktion nach einer Gedenkminute war jedenfalls bezeichnend: „Weißt du, was? Bleib doch gleich da, Henny kann packen, ich sag deinem Chef, du wirst versetzt!" Ups, wie bring ich ihr das denn nun bei???

Also kurz zusammengefasst: Ich hab's versemmelt und sie hing unter der Decke! Einzige Lösung, Divisionsleiter und guten Freund Heinrich anrufen, ob er nicht vermitteln kann. Er: „Ah, weiß schon Bescheid, und was sagt Henny dazu?" Treffer! Er führt sie jedenfalls abends zum Essen aus, dann ab in die Disco bis morgens um drei und alles ist wieder in Butter. Bin ihm ewig dankbar, grins!

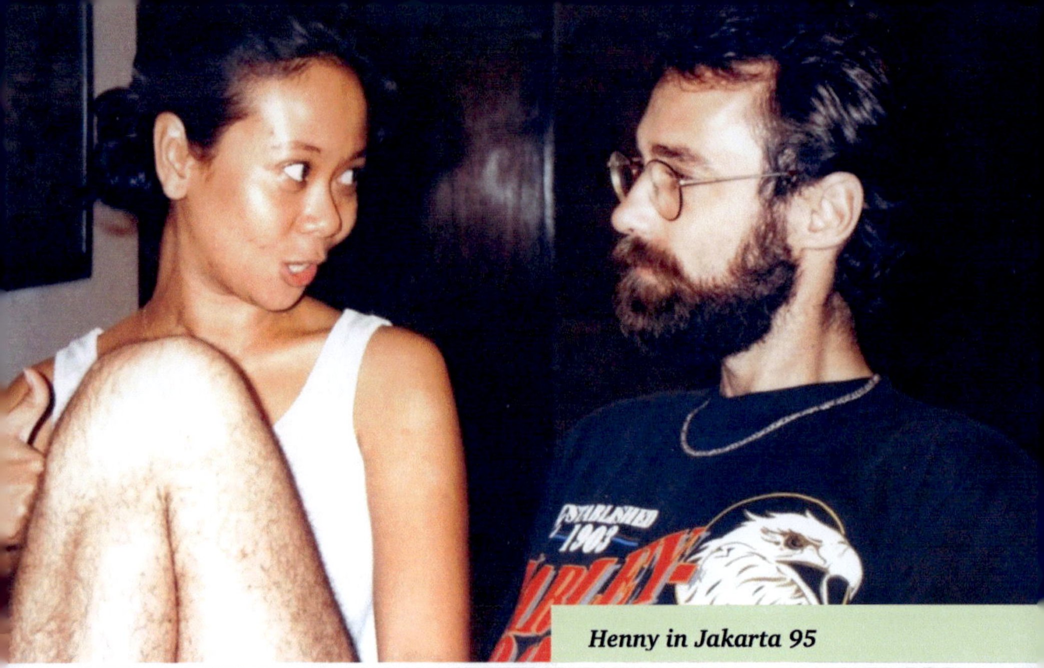

Henny in Jakarta 95

Mit dem Opel GT auf Alpentrip 96 (Mitte, links)

Haus in Hanoi, links die Hütte vom„Schwiegerpapa" (Mitte, rechts)

Ludger und Henny 97 Jakarta Nr. 2 (unten)

Henny beim Hanoi-Hash(oben, links)

Jakarta im Mai 98 nach Soehartos Absetzung (oben, rechts)

„Harley“ die Hundedame (unten)

Bangkok, Thailand

Muss dann doch nochmal kurz zurück, die Harley nach Deutschland schicken, die Honda nach Surabaya zu Hennys Eltern bringen, alles auflösen, hektisch an meinen inzwischen flüggen Adlatus übergeben und uns von Freunden verabschieden, doch zwei Wochen später landen wir mit Hund, Katz, Sack und Pack in Bangkok.

Dort erwartet mich geschäftlich erst mal totales Chaos. Die Drohung der Verluste bringt alle möglichen Leute auf den Plan, die alles anzweifeln. Die Hauptkunden EGAT und PEA (EVUs Thailands) bezahlen aufgrund der Finanzkrise nicht mehr. Mit dem CFO der Landesgesellschaft kabbel ich mich, da der bis kurz vor Jahresschluss immer noch nicht weiß, was er denn für seine Dienste fürs gesamte Jahr will, und ich muss den internen Sauhaufen organisieren.

Ja, und dann ist da noch das Sahnehäubchen auf allem. Wir hatten eine 110-KV-Anlage an einen buddhistischen Tempel verkauft, diese geliefert und in Betrieb genommen. Viel zu groß für einen Tempel und natürlich ist außer der Anzahlung kein Geld im Haus, obwohl 90 % bereits drin sein müssten. Auf meine Anfrage bei der zuständigen Dame meines Haufens, was das denn soll, meint sie ganz trocken: „Kein Problem, da ist eine elektronische Karte ausgefallen, Ersatz kam gestern und nach Einbau zahlen die Mönche alles.“ Meine Reaktion war dann ebenfalls trocken: Karte zu mir, keiner geht zum Kunden, ich will ein Meeting!

Zwei Tage später werde ich in einem riesigen Tempelneubau, fünfstöckig plus drei unterirdische Stockwerke, im untersten Garagenkeller empfangen. Mönch, Übersetzer und meine Kauffrau dabei. Allein die Arroganz, mich ganz unten zu empfangen, lässt mir die Adern schwellen. Nach einigem Hin und Her erfahre ich, dass ich so mit einem Mönch nicht reden kann. Okay, Kauffrau rausgeschmissen, umgedreht und den Mönch zur Brust genommen. Entweder 100 % Sofortzahlung oder keinen Strom, Punkt! Plötzlich spricht der perfekt Englisch, hat in Harvard Ingenieur studiert. Nach vier Tagen haben wir alles Geld und er bekommt seinen Strom, geht doch! Circa zwei Jahre später wird sein Obermönch wegen schweren Betrugs ins Gefängnis geschmissen, er hat alten Gläubigen per Fernseher mit dem Versprechen des direkten Wegs ins Nirwana das Erbe abgeschwatzt, die Erben mochten das wohl nicht so.

Wir ziehen erst mal in ein möbliertes Apartment, doch als mein technischer Partner durch Wilfried ersetzt wird, übernehmen wir sein Haus in „Moo Ban Panya", ein riesiger umzäunter Compound, schöne Häuser mit großen Gärten, Platz zum Joggen und viele der Nachbarn aus der „Who is Who"-Liste des Militärs, der Polizei oder deren Opposition. Der Verkehr steht dem in Jakarta in nichts nach, also muss ein Moped her. Das finde ich dann auch bald in Form einer wunderschön modifizierten und restaurierten Honda CB 750, Baujahr 71, eines amerikanischen Öltankerkapitäns, der Angst hat, dass sein Sohn sich damit totfährt, wenn er unterwegs ist. Die Kiste röhrt, dass es eine Freude ist!

Henny landet leider keinen Job, da die Thai-Sportclubs voll mit Thais sind (in Jakarta und Hanoi eher Ausländer) und sie kein Thai spricht! Na ja, dafür bekommt sie den inzwischen dritten Heiratsantrag (zwei hab ich schon versaubeutelt!) und schlägt diesmal tatsächlich zu. Den Spruch, dass ich ja alles, doch definitiv nicht romantisch bin, noch im Kopf, denke ich: Dir zeig ich's!

Kontakte sind alles, so finde ich über meinen ehemaligen Kollegen in Jakarta die Insel Erakor, Teil Vanuatus, mitten im Pazifik. Hochzeitspaket mit allem Drum und Dran, passt. Visa? Tja, für Indonesier nur in Sydney. Fein, dann halt über Sydney. Der Botschafter Vanuatus öffnet uns höchstpersönlich die Haustür, Hemd liegt wohl noch im Garten, und wir bekommen das Visum auf dem Küchentisch eingestempelt. Feiner Mensch, wir haben gut Spaß. Angekommen empfängt uns eine traumhafte kleine Insel, zehn

Hütten und Zeremonie am Strand mit Blumendekoration im Dschungeldickicht. Das ist Romantik, oder?

Zufällig kommen ein paar ältere Frauen auf dem Dschungelpfad entlang und fotografieren uns in traditionellem Sarong (Wickelrock) am dekorierten Strand. Man glaubt es nicht, jetzt sind die doch tatsächlich aus dem Nachbardorf meiner Mutter, nahe Heilbronn. Zuerst verdächtige ich natürlich die Mama, Spione geschickt zu haben, doch nein, sie war unschuldig, doch darf sich dann frischester Bilder aus der Nachbarschaft erfreuen! Die Welt ist klein!

Doch nicht klein genug für den deutschen Beamtenschimmel, der Vanuatu gar nicht kennt. Im Buch auf dem Rathaus heißt das noch „Neue Hebriden“ und mit allem Hin und Her, verlorenen Stempeln etc. brauche ich geschlagene zwei Jahre, bis dann auch Deutschland seine Anerkennung gibt. Die indonesische Botschaft braucht genau zehn Minuten, bis Hennys neuer Pass mit neuem Namen versehen ist.

Geschäftlich gibt es viel zu tun, wir entwirren die Verflechtung mit der Landesgesellschaft, befrieden durch gegenseitige Transparenz, holen langsam überfällige Außenstände und nötige Aufträge rein und schaffen im Jahr darauf (9/99) mitten in der Finanzkrise ein vernünftiges positives Ergebnis. Und das trotz gleichzeitiger US-GAAP-Einführung (US- statt deutscher Buchführung). Der Laden läuft wieder rund und meine Leute geradeaus.

Im Sommer 99 fliegt Dennis, nun acht Jahre alt, das erste Mal zu uns. Stolz wie der Bürstenbinder kommt er in Begleitung hübscher Stewardessen aus dem Flieger gestakst, wo ich ihn direkt am Gate abholen kann. Urlaub auf Ko Chang ist dann auch herrlich, damals noch ganz ursprünglich mit ein paar klapprigen Holzhütten am Strand, sonst nichts.

Leider verlieren wir Harley an die Staupe. Ihren dann überraschenden Nachfolger kenne ich schon länger, da ich fast täglich an seinem Domizil vorbeijogge. Nun ja allein am Joggen, halte ich an und frage die Dame des Hauses, wo sie denn diesen wunderschönen Dalmatiner herhat. Die Antwort kommt postwendend in gebrochenem Englisch: „You want him? Take him!“ Auf Deutsch: „Nimm ihn gleich mit!“ Er ist ein gut über 40 kg schwerer, sehr großer, zehn Monate alter Rüde, herrlich gezeichnet und voller wilder, ungezähmter Energie. Er zerbeißt anscheinend alles und schläft beim zehnjährigen Sohnemann im Bett. Lieb, doch null erzogen und nichts für die Mama.

Noch zögernd habe ich auch schon die Kette in der Hand und ein „Viel Glück“ im Ohr, als sie das Tor aufmacht. Der Hund, später „Bugger“ genannt, steht, kaum aus dem Hof, senkrecht auf den Hinterbeinen (Kopf auf meiner Höhe!) und will lossprinten. Ich ziehe die Kette ein, Arm um den Schlund und drücke erst mal zu, bis er zu zittern anfängt. Bis wir zuhause sind, braucht er das noch dreimal, doch dann hat er’s kapiert. Und wieder kommt die Frage „Wie bring ich’s Henny bei?“. Umsonst geschwitzt, er ist auch Charmeur, intelligentes Bürschchen.

Drei Wochen harter Arbeit später läuft er tatsächlich ohne Leine neben mir beim Joggen und kommt mit Tiger klar. Geht alles.

Im Herbst nehmen wir ihn dann auch mit, wieder nach Ko Chang und diesmal mit Zelt dabei, da langes Wochenende ist. Gutes Gefühl, es gibt tatsächlich nichts Freies und Henny rüstet das Zelt am Strand zum Fünfsternehotel um, so richtig mit Kingsize-Luftmatratze, Kopfkissen, Bettzeug und Blüten drauf. Diese Nacht schlägt der Sturm zu, aber richtig.

Henny links und Bugger rechts im Arm, verhindere ich mit den Füßen an der Zeltwand, dass diese einklappt. Am nächsten Morgen sind meine Bauchmuskeln verkatert, der Strand ist drei Meter Richtung Zelt gewandert, Palmen entwurzelt und die Holzhütten abgedeckt. Gut, dass wir im Zelt waren, oder? Wir hatten echt Glück, keiner Palme im Weg zu stehen.

Danach wissen wir dann auch, wo die Staupe herkommt. Bugger stirbt, wie Harley, innerhalb kurzer Zeit nach der Insel leider ebenfalls. Die lokalen Hunde dort scheinen zu überleben, doch unsere sind trotz Impfung schlecht gewappnet und quälen sich mit diesem Virus, der das Hirn zersetzt. So schade.

Weihnachten kommt Muttern nebst Göttergatten Klaus und wir fahren nach Laos. Da ich in Bangkok auch für Myanmar, Kambodscha und eben Laos zuständig bin, kenne ich mich ja nun schon ein wenig aus. Unser Kollege in Kambodscha ist voll integriert und kommt mit Cowboystiefeln ins Büro, da ist unser lokaler Partner in Laos schon etwas „praktischer“ veranlagt. Da wir mit dem Auto noch nicht über die „Friendshipbridge“ fahren dürfen, organisiert er einen Miet-Jeep für uns. Wenn Muttern kommt, muss was geboten sein, nicht wahr? Also von Vientiane über die Berge nach Luang Prabang, der alten Königsstadt. Kleines Problem – Rebellen sind an dieser Straße noch am Rummosern, daher gibt es dort einige Militärsperren und wir müssen einen Fahrer mitnehmen. Na gut, also sitze ich mangels Platz hinten beim Gepäck – bis es in die Berge geht. Dann platzt mir der Kragen, der Fahrer wandert nach hinten und ich übernehme mal kurz das Steuer. Fürs Militär haben wir eh Zigarettenschachteln dabei (man kennt sich ja aus), welche angenehme Kontrollen mit viel Gelächter im Hand-und-Fuß-Jargon garantieren. Da wir so ziemlich die Einzigen auf der Strecke sind, ist die Abwechslung offensichtlich hochwillkommen.

Luang Prabang ist's wert und die Rückreise über den Nordwesten Thailands genauso. Da Henny krank wird, sind wir drei Tage früher zurück in Bangkok als geplant, am 28.12.99. Tags darauf, gerade haben wir ein Hotel in den Bergen für Silvester gebucht, klingelt das Telefon: „Herr Lübcke, fliegen Sie doch morgen mal kurz nach Kuala Lumpur, sich vorstellen. Wir haben da was für Sie.“ Henny hängt mal wieder unter der Decke und ich sitze am 30. im Flugzeug.

Kuala Lumpur, Malaysia

Diesmal ist es anders. Ich soll mein doch so freies „Leiharbeiterdasein“ begraben und fest drei Jahre lang zwei Divisionen (Industrieservices und -produkte), die sich eigentlich gar nicht grün sind, kaufmännisch führen. Mein Einstieg in die Landesgesellschaften und natürlich ein Karriereschritt – im Ausland! Mit Peter, meinem künftigen CFO, habe ich gleich ein gutes Gefühl und Rolf, meinen Vorgänger, kenne ich noch aus Saudi-Arabien. Was soll ich sagen, bin ja nun bald vierzig und die unabhängigen Betriebsstätten sterben so langsam aus. Abends bin ich also wieder zuhause, habe einen neuen Job und auch schon ein Moped (BMW F 650), Rolfs Mühle, die ich gleich mit übernehme. Henny kann's nicht fassen, vor allem das Moped, doch Silvester richtet's dann schon und ich bin ja zurück.

Muttern und Klaus müssen leider allein nach Myanmar. Wir sind am Packen und landen Mitte Februar 2000 mit Kater Tiger in Kuala Lumpur, wo mich diesmal kein totales Chaos empfängt. Angenehm, bis dann direkt danach die SAP-Einführung einschlägt. Damals noch aus dem Vollen geschnitzt, hatte dies die PTSI vier Jahre zuvor in Jakarta komplett überfordert, organisatorisch wie finanziell. Als die Server dann in der Flut Februar 96 kurz nach der Einführung untergehen, weil sie ebenerdig stehen, war es ganz vorbei. Aus diesen Erfahrungen kann ich diesmal einiges beisteuern, die SAP-Jungs haben kein leichtes Leben mit mir, doch das Ergebnis ist ein wesentlich besser funktionierendes und praktikableres System für uns.

Mit Peter habe ich nun das erste Mal seit vierzehn Jahren wieder einen Chef direkt auf dem Schoß, doch wir kommen außer ein paar Budgetquerelen sehr gut miteinander aus und werden gute Freunde. Auf der technischen Seite stehe ich eher im Minenfeld. Meine zwei Divisionsleiter sind sich nicht zwingend grün, liegt neben nun wirklich unterschiedlichen Charakteren (Uli, ein alter

Industriehaudegen, Malcolm, ein typischer Produktverkäufer) auch an sich teils widersprechenden Geschäftsinteressen, ich mittendrin. Unser CEO ist ein, nun ja, Visionär, dessen Visionen ich öfters nicht teile, und wir haben einige doch recht ausdrucksstarke Meinungsdifferenzen, bis wir uns dann langsam aneinander gewöhnen.

Ansonsten ist das Arbeitsklima zwar meist fordernd, doch auch vergleichsweise gut, was u. a. dem multikulturellen Set-up und vielen gemeinsamen Unternehmungen zu verdanken ist. Zwist wird auch mal abends in der Kneipe aussortiert und viele Kollegen jeder Couleur aus dieser Zeit sind zu langjährigen Freunden mutiert. Das geht so weit, dass Peter nach dem Mittag seine Sekretärin Grace und ich dann auch meine Zuraina suche – und wo finden? Bei Henny zuhause mit „Bubbly“ im Gesicht.

Apropos multikulturell: In Malaysia leben neben der Majorität der Malaien (ca. 60 %) auch große Kontingente chinesischer und indischer Abstammung sowie diverser anderer aus der Umgebung. Das macht es, speziell in den Großstädten, sehr bunt, sowohl was Sprachen als auch was Kleidung und vor allem Speisen angeht. Das Essen ist lecker, die Leute meist sehr freundlich und tolerant und die meisten sprechen zumindest rudimentär Englisch. Wir fühlen uns wohl!

Gleich zu Beginn, als wir noch temporär in einem Sri-Hartamas-Wohnblock mit direkter Sicht auf die KLCC Twin Towers nächtigen, erklären wir die nahe Open-Air-Kneipe „Souled Out“ zum heimischen Wohnzimmer. Henny ist unter Leuten bei guter Musik und ich bekomme frisches Abendessen und gute Laune, wenn ich dann schließlich meist einiges nach neun auftauche.

Zwei Monate später geht's dann ins neue Haus, diesmal mit Pool im Garten und strategisch ruhig gelegen zwischen Büro und „Souled Out“. Auch meine geliebte im Golfkrieg aus Saudi-Arabien nach Deutschland evakuierte Musikanlage wird endlich wieder mit dem Rest des wachsenden Haushalts aus nun schon diversen Ländern vereinigt. Was halt doch noch fehlt, ist – ja, ein Hund.

Also los ins Tierheim, wo wir „Fetz“ finden, einen neun Monate alten deutschen Pointer. Die nette, doch gewiefte Dame hört uns von Dalmatinern reden und meint ganz trocken zu Henny, da sei noch ein zweieinhalb Jahre altes Dalmatinerweibchen, das demnächst eingeschläfert wird, da niemand einen tauben Hund will. Henny hört's und meint: „Bernd, ab in den Käfig und hol sie da raus.“ Man nennt das wohl aus ein mach zwei, auf jeden Fall kommt „Lady“ dann auch gleich mit. Beide mit charaktermäßig maßgeschneidertem Namen.

Bald nachdem Dennis mit Mama (!) uns diesen Sommer wieder verlassen haben, machen wir uns Gedanken über die „tickende Uhr“, was darin gipfelt, dass meine kleine „Kratzbürste, wenn's drauf ankommt“ tatsächlich schwanger wird.

9/11, wer hat's nicht schon mal vernommen, hängen wir gut gelaunt und hochschwanger (nicht ich!) in unserem „Wohnzimmer“ ab, bis sich plötzlich eine grösser werdende Gruppe vor den zwei Fernsehern tummelt. Neugierig schauen wir auch und erleben live, wie die zweite Maschine ins World Trade Center einschlägt. Der Schock ist saftig und um 2 Uhr nachts meint Henny, es wird Zeit, ins Krankenhaus zu fahren, klein Marc kommt an. Er hat wohl 12 und 21 verwechselt, sonst hätten wir die Geburtstage gemeinsam feiern können. Kann ja passieren!

Nun ist alles da, was da so geht. Job passt, Kind, Hund und Kegel, was will der Mensch mehr? Tja, Klein Bernd wird wieder unruhig, läuft ja alles. Ich brauche eine Herausforderung, warum nicht segeln? Gesagt, getan, im Frühjahr finde ich ein schwedisches 26-Fuß-Boot (ca. 8 m) mit Vier-Mann-Kajüte und Bleischwert/Torpedo für raue See aus den 70ern, doch gut gewartet. Kaum Tiefgang, genau das Richtige für einen Landkasper wie mich, ich taufe sie „Harley“. Segelkurs, naa, zu kompliziert und keine Zeit. Was sich bewegt, das bewegen wir dann schon.

Also ab nach Kuantan, an der Ostküste, wo das Boot in der Navy Base (Marinestützpunkt) liegt. Wong, Marineflieger und Vorbesitzer, besorgt uns Zugangspässe für den Stützpunkt, permanente – als Ausländer! Gibt's auch nur hier! Doch die Anfahrt sind locker viereinhalb Stunden (Autobahn gibt's noch keine) und obwohl ich's geschäftlich mit unserer neuen Niederlassung in der Nähe verbinden kann, ist das keine Dauerlösung. Doch erst mal haben wir unterhaltsame Begegnungen mit Marineoffizieren, die dort mit ihren Familien lange Wochenenden verbringen. Der Stützpunkt unterhält einen hübschen Park mit Hütten, direkt neben der Bucht, in der „Harley" an der Boje liegt.

Auch mit Dennis schlage ich dort kurz auf. Sein elfjähriger Hintern ist ans Moped noch nicht so recht gewöhnt und er wackelt hinten ziemlich rum nach einer Weile, doch auf dem Boot macht er sich gut und erwischt sogar die Boje. Auf der Insel Perhentian, als ich tauchen bin, plagt ihn die Langeweile und er wäscht die wenige Wäsche, die er mitnehmen darf. Alles perfekt, bis auf die ausgewrungenen Würste auf der Leine. Na ja, ausschütteln war nicht Teil der Anleitung, mein Fehler. Der Wille zählt, passt schon, der Jung!

Das Boot ein Dutzend Mal raus- und reinfahren ist nach achtzehn Monaten so die gesammelte Segelerfahrung, der Dieselmotor mag auch nicht mehr, so geht das nicht weiter. Wozu hast du das Boot, segel endlich. Der Plan ist es, über Singapur die Strait of Malacca gen Norden bis in die Marina nach Port Dickson zu segeln, eine Stunde weg von zuhause. Ein Mitfahrer ist bald gefunden, Chong, Kumpel von Wong mit Windsurfbretterfahrung, immerhin was.

Ausgerüstet mit kleinem Außenborder, Schlauchboot und von Henny noch aufgestockten Vorräten (damit die Jungs nicht darben müssen) segeln wir nachts los, erst mal auf die Insel Tioman, mittagessen. Nach Tioman holt uns der erste Sturm ein, wir überleben. Nachts um drei, ich bin am Ruder, schlägt der zweite zu. Aber wie! Im dichten Regen sehe ich nicht mal mehr den von innen beleuchteten Kompass eineinhalb Meter vor meinen Augen. Nicht dass es einen Unterschied gemacht hätte! Es ist strutzdunkel, da kommt plötzlich der Baum des Hauptsegels auf mich zugeschossen, ducken und landeinwärts schauen ist eins. Na ja, da war sie, die Ursache, vielleicht 30 cm weg vom Bootsrand stand das solide Bambusgerüst eines Fischers mitten im Wasser. Der Sturm hat uns viel zu nahe an Land gedrückt. Keine Chance, es zu sehen, fast wären wir voll reingerammt. Puuuh!

Am nächsten Abend landen wir in der Marina von Singapur. Müde, hungrig und mit unbändigem Bedarf an kaltem Bier schlagen wir an der Rezeption für folgenden Dialog auf:

Rezeptionistin: „Wer ist der Kapitän?“ Ich: „Mir gehört das Boot.“ Sie: „Okay, du bist der Kapitän!“ Die praktische Art, ein Kapitänspatent zu erhalten!

Dann Sie: „Ihr müsst die Einreise nach Singapur im Pass abstempeln, dafür müsst ihr nach … fahren und –“ Ich: „Keine Chance, ich brauch kaltes Bier!“ Sie: „Okay, gegen 50 Singdollar kommt der Beamte!“ Ich: „Alles klar, wo ist die Bar?“

Der nette Beamte kommt dann auch, alles okay, bis er mir meinen Pass zurückgibt. Ich: „Wo ist der Ausreisestempel?“ Er: „Ihr seid doch gerade gekommen!“ Ich: „Ja, doch morgen um sechs geht’s weiter, da arbeitest du nicht, oder?“ Er: „Kein Problem, fahrt zur Insel mit den Koordinaten soundso!“ Ups, find ich nie!!!

„Pass auf, such dir was zu essen aus. Bis du mit dem Stempel wieder hier bist, ist das Essen fertig.“ Gesagt, getan und wir haben einigen Spaß miteinander!

Der nächste Tag sieht uns im Schlick auflaufen (zwei Inseln auf der Karte verwechselt), durch den dichten Schiffsverkehr vor Singapur jonglieren und abends dann – ja, so richtig auflaufen. Leuchtturm verwechselt, wieder voll in den Schlick, diesmal sitzen wir fest. Na gut, in einer Stunde ist Ebbe, ich binde das Boot an den Leuchtturm und nach einem guten Abendessen sind wir wieder frei. Keine Panik, doch inzwischen ist dunkel. Wir entscheiden nun doch nachts durch die Strait of Malacca zu segeln und das ist nicht langweilig! Einiges an Schiffsverkehr, von vorn und hinten mit riesigen Pötten, die dich weder sehen noch bremsen würden und wegen der Sandbänke per GPS-Automatik unterwegs sind. Dazu mindestens ein Dutzend Schmuggelboote mit Menschen, Benzin, Zigaretten, Drogen etc. aus Sumatra, die ohne Lichter volle Hämmer quer zu uns durchstechen. Meine Positionsfunzel sehen sie anscheinend nicht, so leuchte ich mit großer Tauchlampe öfters plötzlich das Segel an, wenn einer zu nahe kommt, was der Geräuschkulisse nach immer hektische Steuerbewegungen auslöst. Nicht ganz ungefährlich, Freizeitpiraten gibt's auch genügend in der Gegend.

Wir landen jedenfalls um eine Erfahrung reicher am nächsten Nachmittag auf der landzugewandten Seite von Pulau Besar, vor Malacca. Bin extra dort vor Anker, um vor Sturm von der Seeseite geschützt zu sein. Tja, er kommt vom Festland und plötzlich schlagen wir in den Wellen auf Grund. Ich den Motor angerissen und noch an der Leine weg von der Insel. Komme jedoch nicht weit, Chong bekommt den Anker nicht raus. Also reiten wir den Sturm mit laufendem Motor an der nun kurzen Leine vor Anker aus. Das Boot schlägt nicht mehr auf, die Whiskeypulle wärmt mich – alles im grünen Bereich!

Die Einfahrt in die Marina von Port Dickson war epochal! Drei Segelboote kommen raus, uns abzuholen, Riesenfeier in der Marina-Bar, die Rookies (grüne Anfänger) haben's überlebt. Wong, durch CB-Funk immer auf dem Laufenden, hat die Segelgemeinde und Henny organisiert, die Wetten standen fünf zu eins gegen uns. Ha, euch haben wir's gezeigt und wer will schon Details wissen, grins!

Nach drei Jahren in Kuala Lumpur ist es zwar nicht langweilig, wir fühlten uns auch wirklich wohl, doch um sich greifende Routine war noch nie mein Ding. Die Außenstände der Asienkrise sind reingeholt bzw. an Banken verkauft, der Schnellzug ERL zwischen Kuala Lumpur und Flughafen fertig, Geschäfte laufen gut. Einen Versuch durch den CFO meiner Division im HQ, mich nach Deutschland zu lotsen, hab ich mit der Bemerkung „Na ja, wissen Sie, für mich ist jedes Land ein Ausland, aber wenn ich sehe, wie manche Kollegen hier durch die Gänge schleichen, das gibt's bei mir nicht!“ abgeschmettert. (Kommentar: „Bleiben Sie mal besser draußen.“)

Eines Tages ruft Peter, mein Chef, mich morgens an: „Bernd, du hast doch bestimmt etwas Zeit nach dem Mittagessen, geh doch mal schnell ins Hotel XY, da ist eine Veranstaltung für Nachwuchskräfte aus Asien.“ Okay, ich laufe wie üblich mit Helm in den Saal und sehe mich gut fünfzig Mann gegenüber. Der Professor aus Havard meint trocken: „Hier ist der Mann, den ihr fragen könnt!“ Wie, was, wieso fragen, wo bin ich hier? Thema war „Think outside of the box“. Na, da waren die genau richtig bei mir, der Professor grinste nur noch und muss dann auch einiges dem Peter erzählt haben, der trocken meinte: „Ah, deshalb!“

Danach „darf“ ich zusätzlich meine dritte Division übernehmen, die Gebäudetechnik, HQ in der Schweiz, und Heinrich aus Indonesien ist inzwischen CEO des Divisions-HQ. Zugekauft, haben wir noch zwei Firmen zu integrieren und den Laden ins 21. Jahrhundert zu führen. Na ja, es ist wieder spannend, Henny ist froh zu bleiben und inzwischen muss schon der Zentralvorstand (ZV) meine Verlängerung unterschreiben, da es über vier Jahre geht. Weder dies noch Querversetzungen im Ausland mögen die Jungs (bin ja nicht mehr in der „Leiharbeitertruppe“), daher müssen starke Argumente her, warum bei über vierhunderttausend Angestellten ausgerechnet ich das sein muss. So wird man auch bekannt.

Jakarta, die Dritte!

Ende Juli 2004 klingelt mal wieder das Telefon. Sepp ist dran, er ist derzeit weltweit Öl-&-Gas-Chef im HQ, Teil meiner Industrieservice-Division, man kennt sich. „Bernd, ich brauche dich in Jakarta, ich übernehme dort die Divisionen Industrieservice und -produkte, da kennst du dich doch aus." Na klar, sowohl in den Divisionen als auch im Land, doch schon wieder Jakarta? Na ja, für Henny ist's okay und es schlägt Deutschland allemal. Wegen Querversetzung muss der ZV schon wieder abzeichnen, der Bekanntheitsgrad steigt!

Also dreiteile ich mich mal kurz, übergebe meine Divisionen an die jeweils aufgebauten lokalen Nachfolgerinnen (!) und wir packen wieder. Diesmal muss die BMW F 650 mit, da ich die Honda 650 XR inzwischen in Bali verkauft hatte, wo ich sie in den Urlauben fuhr, als unsere Fitri dort studierte. Eine schöne große Kiste ganz hinten im Umzugscontainer mit der Aufschrift „Piano" hilft über die lästigen Einfuhrprozeduren illegaler Mopeds in Indonesien hinweg. Flexibilität und alte Freundschaften helfen halt!

Der Haushalt wächst, diesmal haben wir außerdem zwei Hunde und zwei Kater dabei, Henny hatte uns inzwischen noch „Bibi" ins Haus geschleppt, einen durch und durch phlegmatischen Kater. Man kann ihn mit dem Besen durchs Haus schieben und der kleine Marc kann kaum laufen, doch den Kater in den Pool schmeißen, das kann er. Tiger hätte ihn zerfetzt beim Versuch, doch Bibi kennt keinen Schmerz!

Also landen wir am 1.10.04, Jahresschluss ist am Tag zuvor geschafft und es begrüßt mich mal wieder das altbekannte totale Chaos. Sepp war einen Monat vorher aufgeschlagen und gibt mir einen kurzen Situationsüberblick.

Beide Divisionen machen Verluste, hier hatten sie im Gegensatz zu Malaysia auch nur einen technischen Leiter, unter dem sich alle bis aufs Messer bekriegten. Mein Vorgänger, der lokale kaufmännische Leiter, sitzt am anderen Ende des Gebäudes und wird schlicht ignoriert, der größte Vertrag ist schon ein Jahr in Pönaleforderungen, doch erst zu 40 % fertig, mit riesigem Verlustpotential und kaum Rücklagen. Wir haben 250 Angestellte und Sepp bekommt täglich über die Mittagszeit ein halbes Dutzend substanzloser anonymer Schmähmails von Kollegen über andere Kollegen. Ich erbe vierzig engbedruckte Seiten von überfälligen Außenständen allein vom Servicegeschäft, oft Jahre alt, usw. usf.! Unglaublich, wie das so lange geschehen konnte, ohne dass einer mit dem eisernen Besen durchgeht. Ich bin nach einer Stunde nur noch stinksauer!

Wie auch immer, die Zeit ist knapp, das neue Jahr hat gerade angefangen. Als Erstes bauen wir mein neues Büro direkt neben Sepp auf. Dann setze ich meine Gruppenleiter direkt neben ihre technischen Leiter, Widerstand ersticke ich mit „Saustall"-Kommentaren im Keim. Drei Tage nach Ankunft versammeln wir alle Bürokräfte und ich stelle mich, Computer in der Hand, auf einen Tisch, bezichtige anonyme Schreiberlinge der Feigheit und „lösche" vor aller Augen entsprechende Mails. Hat einer ein Problem mit einem Kollegen, steht meine Tür immer offen für ein offenes Gespräch. Jeden Morgen haben wir Punkt acht kaufmännisches Meeting bei mir im Zimmer, in dem es oft vorkommt, dass ich erst mal mit der Faust auf den Tisch schlage, damit alle aufwachen (Rossi, meine Sekretärin, sitzt auf der anderen Seite der Pappwand und bittet mich nur, die Wand neben ihrem Ohr in Frieden zu lassen, da sie jedes Mal so erschrickt). Der einzige Weg, wieder Disziplin in die nun langsam aufwachenden Köpfe zu bekommen.

Innerhalb von drei Wochen zerschlagen wir den gesamten Laden und kreieren eine Organisation, in der sich viele auf veränderten und vor allem divisionsübergreifenden Jobs wiederfinden, weltweit ein Pilotprojekt. Plötzlich sind die alten Grabenkämpfe ohne Ziel und hören damit auf. Meine Kaufleute haben eine harte Zeit, doch mein Chef auch. Noch in den ersten Wochen ruft er mich an, ich könne mich nicht so benehmen (siehe Faust). Mein Kommentar ist nur: „Ich bin hier, um aufzuräumen und den Laden umzudrehen, wenn Ihnen das nicht passt, kann ich auch wieder gehen. Ansonsten brauche ich ein Jahr Zeit und Freiraum." Er bekommt in der Folge auch einiges an Hausaufgaben und klare Hinweise, die seine internen Abteilungen betreffen. Doch auch wir kommen später sehr gut miteinander aus.

Das Ergebnis gibt uns recht: 70 % mehr Umsatz im ersten Geschäftsjahr – weil die meisten sich plötzlich wieder nach außen anstatt nach innen konzentrierten – sprechen eine klare Sprache. Und Gewinn statt Verlust ebenfalls!

Privat ziehen wir in ein komplett leeres Haus ein. Luftmatratzen auf der Erde und Plastikmöbel müssen reichen, bis unsere Möbel zwei Monate später kommen. Mit unserem Zoo nicht mehr anders möglich.

Henny ist erst mal ziemlich auf sich allein gestellt, ich bin Land unter. Aber sie meistert das einwandfrei. Da wir wissen, wie lange es dauert, Bankkonten etc. in die Reihe zu bekommen, haben wir wieder einiges an Cash dabei, sie braucht ein Auto. Der Suzuki-Jeep ist schnell gefunden, doch Barzahlung geht nur in Rupiah. Also marschiert sie mit Euro in die Mall, kommt vom Wechsler mit zwei großen Plastiktüten voller Bündel wieder raus, um diese dem Autohändler auf den Tisch zu stellen, und schon ist sie flügge.

Eines Abends überrascht sie mich mit Weißwürscht, Brezen und Erdinger dazu – und das in Jakarta! Es hat sich doch einiges geändert seit den 90ern. Leider auch im Verkehr, der inzwischen so dicht ist, dass selbst ich es schnell aufgebe, mit dem Moped ins Geschäft fahren zu wollen, da ich dort nur frustriert und buchstäblich schwarz im Gesicht ankomme. Also braucht auch sie einen Fahrer, der nebst Hausdrachen namens Surya und

Gärtner ebenfalls schnell gefunden ist. Wir entwickeln langsam Routine beim „Heimataufsetzen"!

Zu unserer großen Freude leben Hanns und Stella nach Sydney und Singapur inzwischen auch wieder hier, die Welt ist halt doch recht klein. Doch auch viele andere wie Vonny, Hennys alte Busenfreundin, nebst ihrem Herzblatt und natürlich meine geliebte Java-Lava-Bergsteigertruppe sind noch da.

Leider geht uns Tiger nach einem Monat verloren. Seine sechzehn Jahre sah man ihm nicht an und wir vermuten stark, dass er nach all den Jahren wohl auf einem Ramadan-Markt gelandet ist. Warum? Weil uns genau dasselbe über Ramadan 2005 mit Bibi passiert, da konnte ich ihn selbst noch rechtzeitig wieder auslösen. Doch Ramadan 2006 war er dann wirklich weg. Die Hunde im Haus schützten uns in Kuala Lumpur schon vor Einbrüchen (die gesamte Nachbarschaft hatte mindestens einen Einbruch, außer uns!), in Jakarta sind sie definitiv ihr Fressen wert, der Moloch ist stark gewachsen und es ist rüder geworden!

Wir helfen noch beim Aufräumen der Nachwirkungen des verheerenden Tsunamis vom 26.12.2004 in Aceh (Nordsumatra), da klingelt im Januar 05 das Telefon mal wieder. Nein, kein neuer Einsatz, diesmal ist Dennis' Mama dran und erzählt mir, dass er aufgrund der Notenlage aus der bayrischen Knabenrealschule nun in die Hauptschule kommt. In der neunten Klasse. Ja, wie? Nach kurzer Rücksprache mit Henny muss ich nicht sie, sondern die Wurzel der Aufregung davon überzeugen, doch ein Auslandsjahr bei uns in die wohl noch rudimentäre Zukunftsplanung einzubauen.

Wir haben eine altgediente deutsche Schule und nach ein paar Bieren, erst mit dem Rektor, dann mit künftigem Klassenlehrer, ist der abtrünnige Jüngling im Kein-Bock-zu-gar-nichts-Alter eingekreist, bevor er überhaupt gelandet ist. Aller Anfang ist schwer. Nachdem die frühmorgendliche Wäsche durch Hundezungen ihn nicht wirklich für die Sonntagswanderung in den

Bergen aus dem Bett holt, schnappe ich mir einen Fuß und laufe einfach los. Das wirkt! Danach heißt es dann vier Stunden lang (zwei fahrend, zwei laufend) Kopfrechnen, Geschichte, Erdkunde etc. mit den Hunden und dem nervenden Papa büffeln, bis die Schuhe durch- und die kleinen grauen Zellen heiß gelaufen sind.

Bei der zweiten Zimmerkontrolle mit Saustall fange ich an, alles, was rumliegt, einfach aus dem Fenster zu schmeißen. Als ich bei der Musikbox ankomme, wirkt auch das. Das Eis bricht dann vollends, als Henny ihn mitsamt Koffer vor die Tür stellt. Er muss uns gehasst haben, grins. Doch langsam, aber sicher kommen wir durch zum Dickschädel und meine nächtliche Hausaufgabenkontrolle (oft hole ich ihn aus dem Bett dafür, wenn ich dann schließlich aus dem Büro komme) zeigt auch in den Noten ihre Wirkung, vor allem nachdem wir die folgenden Sommerferien selbst auf Flores zum Pauken nutzen. Natürlich haben wir auch viel Spaß miteinander und ich genieße nun, ihn um mich zu haben, doch es ist wie im wirklichen Leben – noch etwas holprig!

Nach einem Jahr beruhigt sich die ganze Lage zur wiedereinkehrenden Normalität, was immer das ist, selbst unser geerbtes Chaosprojekt neigt sich dem Ende zu, die Verluste durch eine Schlichtungsvereinbarung mit dem Staatskunden halbiert, was eher selten in Indonesien funktioniert. Dennis besucht Mama über Weihnachten, Surya genießt wohl die stressfreie Ruhe mit den Hunden zuhause und wir ziehen mit dem Camper durch Westaustralien und die Hutt-River-Province, wo wir Kaffee mit Prince Leonard schlürfen.

Dort habe ich dann auch eine meiner berüchtigten Offenbarungen. Henny lehnt es ja vehement ab, unseren Lebensabend auf einem Katamaran durch die Welt vagabundierend zu verbringen, völlig unverständlich, nicht wahr? Und was sehe ich, als ich auf dem Campingplatz um die Ecke kurve? Die Lösung! Einen großen Bus mit Hänger und Jeep sowie Jetski drauf und einem zweiten Hänger mit Segelboot. Da häng ich das Moped hintendran und fertig ist die Katamaran-Alternative. Innen herrlich ausgebaut, bin ich ganz Feuer und Flamme, bis die kalte Dusche kommt. Nee, meint die Dame meines Herzens, sie braucht Küche und Vorgarten. Das dauert genau drei Sekunden, da male ich ihr einen Doppeldecker mit zwei Dritteln Küche und einem Drittel Vorgarten auf dem Oberdeck aus. Nope, keine Chance. Sie zieht nicht! Gut, dass der Besitzer ein kaltes Bier zum Trost hat.

Marc gewöhne ich ans Mopedfah'n sobald er einen Helm auf dem Kopf balancieren kann. Noch im Babyträger vor den Bauch geschnallt, fahren wir, bis der Kopf sich neigt, dann ist gut. Bei Muttern ist das nicht ganz so einfach, sie ist seit ihrer Jugend allergisch in der Richtung und hätte eh nicht in den Träger gepasst! Doch wozu hat man Kumpels, Silvester ist sie so gut drauf, dass sie sich tatsächlich morgens um vier mit Ralf und der Moped-Truppe drauf einlässt, auf seiner Harley mitzufahren, sofern es alle schaffen, um zehn auf dem Hof zu stehen. Auf die Jungs ist Verlass, also hat sie keine Chance mehr und wir tuckern ausgerechnet durch Jakarta auf ihrem ersten Mopedtrip seit gut fünfzig Jahren.

Im Frühjahr 06 sucht und findet Dennis seine Berufung. Wir sind im Shangri-La eingeladen für einen Werberundgang, der ihn so beeindruckt, dass er sich nach der nun doch gut geschafften Mittleren Reife im Sommer in Augsburg einen Lehrplatz für Hotelfachmann erstreitet. Perfektes Englisch, internationale Erfahrung und seine Begeisterung überzeugen wohl auch das Steigenberger. Einziger Wermutstropfen, die Lehre fängt erst im Jahr darauf an, er ist mit gerade sechzehn auch noch zu jung. Rumgammeln gibt's nicht, also zurück zu uns und Hoteljob suchen. Hier gilt Learning by Doing, er findet auch flott einen Job ums Eck im Hotel Kemang und blüht als Concierge auf wie die Pfingstrosen. Bald ist dann auch die erste Freundin da, es macht richtig Spaß, dem zuzusehen! Passt!

In diesem Sommer verlässt uns leider auch Sepp. Böse Zungen sagen, aus Angst vor Henny, weil er sie kopfüber nach einem Kneipenbesuch in die Mülltonne gesteckt hat, doch ich vermute, dass der neue Job als CEO für Korea dann doch die Ursache ist. Der Nachfolger kommt aus der Produktverkaufsrille und tut sich etwas schwer mit den Projekten, doch wir ergänzen uns ganz gut.

Da Katamaran und Camperbus nun mal unten durchgefallen sind, schauen wir uns im Herbst drauf im Rahmen unserer Tour entlang Australiens Ostküste allen Ernstes ein wunderschönes Grundstück mit Blick auf Strand und Meer in Emu Park bei Rockhampton an. Doch die Regeln sind mittlerweile so unfreundlich, dass ich den Kontinent endgültig von der Liste streiche.

Jakarta sinkt permanent, und zwar richtig. Zehn Zentimeter an manchen Stellen im Jahr sind keine Seltenheit, verursacht durch planlosen Wildwuchs und ständig tiefer gehende Brunnen, die mehr als die Hälfte der Gebäude zur meist illegalen Wasserversorgung nutzen. Die vielen Flüsse, die die Berge im Süden mit dem Meer im Norden verbinden, sind komplett zugemüllt und ehemalige Wasserauffangsümpfe zugebaut. Das hilft nicht zwingend in der Regenzeit, in der Straßenüberflutungen zum guten Ton gehören. Überfluss ist gut, oder?

Anfang Februar 07 ist es dann mal wieder so weit. In den Bergen schüttet es, der Wasserspiegel steigt und überflutet den Moloch zu 70 % auf bis zu 4 m über Grund. Wir haben 1,40 m vor dem Fabriktor im Osten der Stadt; die Mauer ums Gelände ist 1,50 m hoch, die Einfahrt haben unsere Wachen mit Sandsäcken abgedichtet und ein paar Wasserpumpen installiert. Vorgewarnt, fahre ich mit dem Moped über die Hochautobahn, ansonsten verboten, doch nun saufen drunter alle ab. Mit inzwischen gebautem Floß rudern die Jungs mich rein. Ich bin der einzige Manager vor Ort, die anderen treffen sich trockenen Fußes zum Krisenmeeting im HQ. Zu diesem komme ich dann natürlich zu spät, dafür nass, dreckig, stinkend (Kanalisation verläuft oft oberirdisch) und mit Bedarfsliste aus der Fabrik, in der wir einen fast fertigen Großauftrag an Schaltschränken stehen haben.

Wir sind mehrere Divisionen auf dem Gelände und die Fabrik geht mich eigentlich nichts an, sondern Kollegen, die im Meeting vor allem Sorgen über ihren dringenden Bedarf an Managementzimmern mit gutem Internetanschluss äußern. Die Zündschnur mal wieder im Millimeterbereich, mache ich sie persönlich für die Sicherheit unserer Schaltschränke verantwortlich, drohe Pönalen an, wenn sie nicht in die Hufe kommen, und knalle die Bedarfsliste auf den Tisch.

Unser Oberchef (CEO) sitzt neben mir, schaut mich ganz ruhig an und meint nur: „Herr Lübcke, Sie sind ab sofort unser Krisenmanager." Noch ganz baff schiebe ich ihm wortlos die Liste zu, er zeichnet ab, ohne wirklich draufzuschauen, und ich verkrümel mich, fünfzehn Minuten nachdem ich aufgeschlagen war, um Pumpen, Sprit, Lebensmittel, trockene Klamotten etc. für die Einsatztruppen zu besorgen, die ich nun einteile. Es dauert zwei Wochen, bis die Fluten sich verabschieden und totales Chaos hinterlassen. Auch zuhause lecken die Wellen an der Türschwelle, doch wir liegen glücklicherweise höher als der Kampung hinter dem Haus, der komplett absäuft.

Das größte Problem war unser Fußballplatz auf dem Fabrikgelände. Der Wasserdruck vor der Mauer erzeugt lauter hübsche kleine Springbrunnen, die den Rasen verzieren, doch wir schaffen es mit den zusätzlichen Pumpen, auf max. 8 cm Wasserhöhe in der Fabrik zu bleiben, die Schaltschränke stehen auf 10 cm hohen Paletten. Passt! Nur die eh schon abgesoffenen Nachbarn außenrum waren nicht unbedingt von zusätzlichen Wassermassen über die Mauer angetan, nun ja, nasse Füße hatten wir alle!

Bald danach kommt die Diskussion auf, ob ich nicht im Sommer in die Fußstapfen meines CFO für Indonesien steigen möchte. Ich lehne dankend ab, hab nach insgesamt neun Jahren genug von diesem Menschengewusel, der immer übleren Luft und dem unglaublichen Dreck überall. Bin keine dreißig mehr, ich sehe das inzwischen.

Doch noch sind wir hier und bekommen das nächste Highlight auf den Tisch, diesmal in Form hochoffizieller SEC-Untersuchungen über Korruption, ausgelöst durch einen Skandal in Deutschland. Die amerikanisch geführte Truppe schlägt in Form von vier jungen Engländern natürlich auch bei mir auf. Bei Vorkenntnissen von u. a. Lehrerstudium und Kunstakademie unterhalten wir uns über diverse Verträge, Prozesse und darüber, wie viel die Einladung zum Essen eines Kunden kosten darf. Meine Antwort verwirrt offenbar, da ich drei verschiedene Szenarien vorschlage, vom Beispiel des Fünfsternehotels, in dem die Herrschaften übernachten (Woher wissen Sie das?), für hochgestellte Individuen bis zum Mittagessen für einen Kundenkontakt unserer Gruppenführer. Was ich mit Letzterem meine, demonstriere ich dann auch gleich zum Mittagessen an einem Warung (Straßenstand im Verkehr mit Essen auf Plastik, anschließend im Eimer gewaschen für den Nächsten) vor dem Fabriktor. Kurz, die Jungs wurden bleich, doch fangen an zu kapieren. Essen wollen sie dort auf jeden Fall nicht. Wie auch immer, meine Zeit ist begrenzt und ich denke, sie sind dann auch froh, sich dem Nächsten zuwenden zu können.

Das erste Mal seit 85 bin ich Teil des normalen Versetzungsprozesses, doch lande nicht in Deutschland – das hat man sich wohl inzwischen abgeschminkt –, sondern zur Vorstellung in Konstanz für Dubai.

Doch vorher wird mein Goldstück, die F 650, nach siebeneinhalb Jahren Härtetest unter mir bei Matthias, der schon lange ein Auge darauf hat, untergebracht. (Er wird sie noch zwölf Jahre lang gut gepflegt in Bali fahren, bis sie dann weiterwandert.)

Auch schaffen wir noch ein Familienfoto mit Fitri (ist ja sonst nicht so leicht!) und es geht mit den beiden Jungs noch nach Bunaken bei Manado auf Celebes zum Schnorcheln und Tauchen, leider inzwischen auch schon mit Plastikmüll in den Korallen, und klar, es muss Abschied gefeiert werden.

Kurz zuvor stellt Dennis uns schließlich endlich seine zweite Freundin vor, die bildhübsche Chefsekretärin seines Direktors im Hotel. Mitte zwanzig und mit besten Manieren sind wir ganz weg, Knirps Marc meint, dies sei nun seine Freundin, und Hanns erkundigt sich zur Party ganz spontan nach seinem Abreisedatum. Stella rollt nur die Augen und mir wird in der Ruhe des nächsten Morgens klar, dass Dennis sich zum jungen Mann entwickelt hat, den ich nun auf die Welt loslassen kann. Abends geht's zum Flughafen und ab in seine Zukunft, die er nun selbst schreibt!

Ist auf jeden Fall eine Fetzenparty, nur noch übertroffen vom Abschied, den uns meine zwei Divisionen auf dem Fußballfeld kredenzen. Bei Bühne, Band und vielen Geschenken nebst Fragen, ob ich nicht doch bleiben will, kommt die zweite Erkenntnis: Bei allem Theater am Anfang muss dann doch was richtig gelaufen sein. Es war auf jeden Fall ein emotionaler Abschied nach drei Jahren.

Der letzte Akt heißt packen. Knapp bemessen, planen wir, drei Tage vor Abflug mit den Packern fertig zu sein, und schaffen es sogar. Am nächsten Morgen fange ich an mit den Koffern und bei Ankunft an den wichtigen Dokumenten stelle ich fest, Hennys Pass fehlt. Panik! Ohne Pass und Visum für Dubai kann sie nicht mit. Marc muss mit mir raus, unsere Visa in Indonesien laufen aus, was bedeuten würde, dass ich den neuen Job allein mit ihm anfange, bis Henny alles wieder beisammen hat. Es hilft nichts, ich rufe Hanns an, mit dessen Firma wir versenden. Der Pass muss wohl mit eingepackt sein, wir müssen alles durchsuchen. Über 300 Kisten, zum Glück noch nicht im Container. Samstag früh geht's los, auspacken, durchsuchen, einpacken, stundenlang und mit sinkendem Gefühl. Ich kontrolliere alles, bevor es wieder verpackt wird, dann, in einem kleinen Karton zwischen den

Lautsprecherkabeln unseres „Kinos", sehe ich beim Vorbeigehen was grünlich schimmern … Ja, es ist tatsächlich der Pass. Alles war separat. Wie der da hinkommt, keine Ahnung, doch Aufgeben ist nicht, Hanns sei gedankt!

Dies ist das dritte Mal, dass wir aus Jakarta ausziehen, und ich muss sagen, der Mensch ändert die Sichtweise mit dem Alter. Nein, nicht dass er weise wird, doch interessanterweise ändern sich seine Präferenzen. Zumindest meine! War ich Anfang der 90er noch elektrisiert von den „Vibes" der Stadt und der relativen Freiheit, die die Anonymität in einem so dicht bevölkerten und wenig regulierten Umfeld mit sich bringt, hat es mich 2007, mit anderen Verantwortlichkeiten und in mir selbst gesetzter, nur noch meist genervt. Schlechte Luft, Müll und Gewusel überall, stehender statt fließender Verkehr, das war alles vorher schon so. Doch ich bin anders und fange an, mich nach guter Luft zu sehnen, offenen Straßen, müllfreiem und ruhigem Rückzugsumfeld.

Vanuatu
Hochzeit mit dem „Romantikmuffel“ (links)

Bangkok
Mit Dennis auf CB 750 F (unten)

Dennis und Marc 2002 (oben)

„Mama“ mit Fetz und Lady in Jakarta 2005 (oben)

Familientreffen auf Bali 2002 (unten)

„Harley“, das Boot in Port Dickson 2003 (unten)

Das „Sammelsurium"! (links)

Auf Tour mit BMW F 650 (Mitte)

„Männerturm" (oben)

Hanns, Jakarta 2005 (links)

Dubai, VAE

In Dubai leben wir, wie inzwischen üblich, erst mal wieder im leeren Haus auf Luftmatratzen, doch vergleichsweise schön und ruhig gelegen im „Lakes“-Compound mit großen Bäumen und Gemeinschaftspools, im Großen gibt's sogar ne Bar. Diesmal kommen nicht nur die beiden Hunde und der von Henny zuvor aus dem Straßengraben „gerettete“ Kater Igor mit, sondern auch unsere liebgewonnene Hausperle Surya ist mit von der Partie.

Gerade zwei Wochen nach Einzug besuchen uns Ayu und Jan aus Jakarta auf ihrer Hochzeitsreise. Zeit, sich Dubai ein wenig genauer anzuschauen, und was liegt da näher, als direkt mit dem Harley-Shop anzufangen, so was hat Jakarta schließlich nicht zu bieten. Wir marschieren also rein, ich dreh mich einmal kurz nach rechts und da scheint sie – in Mattschwarz ganz am Ende der Reihe, doch ganz im Fokus meiner Bewunderung. Eine halbe Stunde später bin ich um eine 1600er „Softtail Night Train“ reicher, doch um einmal „Wohlwollen“ ärmer, als wir heimkommen und ich meinem Schatz beichten muss. Ich verstehe zwar bis heute nicht den Zusammenhang von noch nicht geliefertem Haushalt mit bereits geliefertem Moped, doch irgendwie scheint es da einen zu geben, denn sie hing mal wieder unter der Decke. Vielleicht hab ich ja auch nur falsch verstanden! Als sie mich in Jakarta mal zur Ohrenärztin schleppte, bestätigte diese uns, dass die Ohren durchaus in Ordnung sind und sie daher wohl eher das männliche Problem des „Selective Hearing“ (selektives Hören) diagnostiziert.

Wie auch immer, noch kurz getunt und auf meine Bedürfnisse umgebaut, donnere ich seither mit hohlen Töpfen und Power satt reichlich glücklich durch die Walachei. Über 100 000 km inzwischen, gesucht und gefunden!

Geschäftlich habe ich mal wieder ganz was Neues am Hacken. Diesmal bin ich zum ersten Mal CFO (kaufmännischer Leiter) eines Joint Venture (JV) mit den hier üblichen 49 % Anteil, 51 %

gehören unserem lokalen Partner. Wir bauen Gepäck- und Frachtförderanlagen in den wachsenden Flughäfen der VAE. Organisatorisch ganz okay, haben wir neben Großaufträgen in Dubai einen kleinen, doch ziemlich katastrophalen Vertrag in Abu Dhabi am Hals und vor allem: negatives Equity, auf Deutsch: Der Firmenwert liegt unterhalb der Schulden, und zwar deftig.

CEO ist unser alter Freund Volker aus Malaysia, der dort die Niederlassung an der Ostküste aufbaute, wo das Segelboot lag, klein ist die Welt, oder wie? Unser Partner, in dessen Gebäude wir uns befinden, ignoriert mich anfangs komplett. Das ändert sich erst mit meinen Lösungsansätzen für das „Equity-Problem" der Firma und – unserer Diskussion, warum Motorboote oder Segelboote vorzuziehen sind. Als promovierter Ingenieur in den USA hat er da so seinen Stolz und zeigt mir Bilder seiner ersten selbstentworfenen Motoryacht, ein 22 m langes Teil das beim „Speed Test" leider kenterte und unterging. Nicht aus der Bahn zu werfen, baut er gerade den Nachfolger des „Testmobils" und eines schönen Morgens klingelt das Telefon, ob ich den Nachfolger im Bau nicht sehen wolle. Klar will ich, also runter in den Hof, das Garagentor mit Privataufzug zu seinem Büro öffnet sich und was sehe ich: einen Tuareg mit V10-Motor. Meinem Kommentar, dass ich den nun auch noch nie gesehen habe, folgt beim Rückwärtsausparken die trockene Bemerkung „Ah, you know, they build this specially for us rich Arabs"; auf Deutsch: „Weißt du, die bauen das speziell für uns reiche Araber." Er hat einen sehr speziellen, trockenen Humor, ich mag ihn!

Das „Motorboot" steht übrigens in einer speziell dafür gebauten Zelthalle, ist 54 m lang, fünf Stockwerke hoch, hat vorne vier Rümpfe mit Tragflügeln verbunden und zwei 5000-PS-Motoren im Heck mit Garage für Jetskis etc. Na ja, er gibt zu, dass er diesmal etwas Unterstützung von Bootsbauern eingeholt hat, aber nur zum Quercheck, gelle! Das Ding ist auf jeden Fall massiv imposant, er steigt in meiner Achtung und wir kommen nach diesem Besuch hervorragend miteinander aus. So gut, dass er eines Tages mit seinem gerade aus Amerika zurückgekehrten erwachsenen Sohn überraschend bei mir im Büro auftaucht und mir bzw. diesem, da die Höflichkeit es gebietet, als mein Gast sitzenzubleiben, einen Vortrag über Engel auf der einen Schulter und den Beelzebub auf der anderen zu halten. Der Grund des Vortrags verschließt sich mir zwar, doch ich mache mir so meinen Reim drauf und muss massiv an mich halten, nicht laut schallend zu lachen. Er ist einfach clever und weiß, was er will, da gibt's nix!

Dubai ist ein Emirat der Extreme. Die Bevölkerung bestand damals aus 92 % Ausländern und 8 % Einheimischen mit mehr als dreimal so vielen Männern wie Frauen. Sehr viele dieser Ausländer sind arme Kerle aus Südasien und leben mit mehreren Leuten in Stockbetten in einem Raum, viele aber auch in Wohnungen oder Häusern mit dem Porsche Cayenne für die Hausfrau vor der Tür. Man bekommt wöchentlich Anrufe von lokalen Banken, doch bitte die neueste Kreditkarte zu nutzen, und viele verschulden sich, um sich überteuerte Wohnungen, Autos zum Angeben oder Luxuskram, den keiner wirklich braucht, einzuverleiben. Es ist die Zeit vor der Finanzkrise von 2008, was kostet die Welt!

Das geht alles gut bis zu ebendieser Krise. Dann geht's ziemlich schnell, dass viele ihren Job verlieren, auf die Schulden pfeifen und ihre Luxusmobile direkt am Flughafen für die Gläubiger stehen lassen. Massen davon standen dort herum. Wir schaffen es noch rechtzeitig, mit der Gepäckförderanlage für das brandneue Terminal 3 fertigzuwerden und auch noch den „Operation & Maintenance"-Vertrag zu unterschreiben. Dieser nötigt uns, von 250 auf 500 Mann in drei Monaten aufzubauen, die wir im Ausland suchen müssen und denen wir Unterkünfte und Transport besorgen, ein Kraftakt für die Organisation.

Marc fängt hier auch sein Schulleben an, nicht weit vom Haus entfernt, daher flott zu erreichen. Ich dagegen muss in die Innenstadt, was natürlich mit dem Moped passiert. Im Winter bei 10, im

Sommer bei 55 Grad Celsius, man gönnt sich ja sonst nichts. Die heißeste Fahrt war in die Berge um Hatta herum. Mal wieder auf Schleichwegen unterwegs, lande ich plötzlich im Oman, ohne dass ich's merke. Ein netter Bauer signalisiert mir mit Händen und Füßen einen Pfad aus dem Dilemma ohne lästige Zollformalitäten. Die Täler durch die schwarzen Hügel werden immer enger und die reflektierte stehende Hitze immer unerträglicher. Am Meer sind es 55 Grad an dem Tag, in den schwarzen Bergen mindestens 10 Grad mehr. Ich fühle mich wie in einer Sauna ohne Ausgang. Wieder zuhause, müssen erst mal drei Liter Wasser und drei Bier die Kehle runter, und zwar flott!

Apropos Bier: Alkohol gibt's zu kaufen, doch nur mit „Säuferausweis" und in Dubai sehr teuer. Da kommt es sehr gelegen, dass in Umm al-Qaiwain, einem Nachbaremirat, dieser in zollfreien Läden günstig in Massen vorkommt. Ungut nur, dass man durch Schardscha fahren muss, das einzige Emirat, in dem Alkohol verboten ist, da es von den Saudis gesponsert wird. Dort kommt es vor, dass einem die Mafia mit alten Kisten auflauert, um an Ampeln einen „Unfall" zu produzieren, der in Lösegeld endet, damit die Polizei nicht gerufen wird. Einzige Lösung: mit vollem Kofferraum und was die Kiste hergibt ab in die Wüste und auf der unfertigen Umgehungsautobahn großräumig das Thema umgehen. Eine Tagestour und wesentlich leichter, nachdem ich mit dem Mitsubishi Pajero einen Kurs im Dünenfahren hinter mich bringe. Ohne Vierradantrieb … Keine Change, bis die Autobahn fertig ist!

Nach eineinhalb Jahren haben wir die Firmenpopulation verdoppelt, der Laden steht wieder auf profitablen und soliden finanziellen Füßen, er ist nun mit neuer Buchhaltung ISO-9000-zertifiziert und kurz gesagt – es flutscht!

Das Einzige, was nicht flutscht, ist das kleine geerbte Projekt in Abu Dhabi. Dort haben unsere Herrschaften eine technische Lösung verkauft, die wir nicht haben, weshalb wir was anderes liefern. Zum allgemeinen Erstaunen mag der Kunde das gar nicht und da er zig englische Berater beschäftigt, die alle mit jedem Tag Anwesenheit schlicht einen gutbezahlten Job haben und froh um jeden Grund sind, den sie finden, um das Theater zu verlängern, laufen wir zeit- und kostenmäßig massiv aus dem Ruder. Für die Jungs ist das ein gefundener Fresstrog. Nun ja, manchmal hilft nur Kopf runter und durch. Das mein um einiges jüngerer Boss in Konstanz dann jedoch meint, mir als Kaufmann deshalb eine Abmahnung schreiben zu wollen, kommt nicht gut an. Der Anfang vom Ende!

Ich bin nun siebenundvierzig und überlege mir das erste Mal, ob es nach dem ganzen Stress nicht Zeit ist, noch was ganz anderes anzufangen. Zeltplatz in USA oder Kneipe auf Malta oder so. Malta schauen wir uns dann nach Familientreffen in Lindau auch tatsächlich an, doch so recht überzeugt sind wir nicht.

Da trifft es sich gut, dass just in dieser Zeit der Mittlere Osten einen Regionalchef bekommt, der in Dubai stationiert und auch für Nordafrika zuständig wird. Und wie es der Zufall so will, es ist derjenige, der mich schon in Vietnam verpflichtet hatte, und er sucht Leute, vor allem einen Kaufmann, der ihm die bestehende Betriebsstätte in Libyen in eine Landesgesellschaft verwandelt.

Aah, ganz flott ist die Melancholie wieder abgelegt und das Abenteuer ruft. Nicht nur das. Libyen hat den Vorteil, dass keiner hinwill, also kann ich auch mal Bedingungen stellen, was mir prompt eine Vorladung ins HQ in Erlangen zur Persa-Leiterin des bei weitem größten Geschäftsbereichs einbrockt. Ursache sind nicht die Lappalien, dass neben inzwischen reichlich aufgeblähtem Haushalt und Viechern diesmal auch die Harley mitsoll, aber bitte frei versteuert, sondern dass ich den Wunsch zu äußern wage, in den elitären oberen Führungskreis der Firma aufgenommen zu werden, die obersten 1800 von damals immerhin 420 000 Mitarbeitern, und das, ohne je die regulär geforderte Heimatrunde gedreht zu haben. Den Wilden will sie sich dann wohl doch erst mal anschauen. Spannend! Nun ja, wer wagt, gewinnt, und nach einem denkwürdigen Gespräch und ihrem abschließenden Tipp an mich, doch bitte aufzupassen, dass ich nicht „verbusche" (siehe Wilder), hab ich, was ich will, und es kann losgehen.

Hennys Reaktion auf die Ernennung zur OFK (Oberer Führungskreis) ist schlicht und prägnant: „Does that mean I have to behave now?"; auf Deutsch: „Muss ich mich nun benehmen?"

Nein, mein Schatz, versuch es erst gar nicht, das geht eh schief!

Tripoli, Libyen

Davor gibt's natürlich wieder einiges zu tun, unsere Surya landet bei meiner Buchhaltungschefin (Libyen geht nicht), ich mache beim Händler den großen Service für die Harley zum Lernen mit, bunkere einiges an Ersatzteilen (in Libyen gibt es nichts und meine ist gemäß Zoll die erste und einzige bisher) und peitsche die Restfinanzierung für das ehemalige negative Equity noch durch, halbe Sachen hinterlassen wir nicht.

Tja, und dann kommt da auch noch Dave, mein alter Chef aus Malaysia, zu Besuch, mit dem ich zwei Tage vor meinem Antrittsflug nach Libyen nochmal kurz mit ATVs durch die Dünen fetze, nur um mir dabei eine Rippe zu brechen. In Tripoli angekommen, holt mich der Cheffahrer ab. In einem abartig dreckigen Auto, voller Staub, der meine Rippe das Nießen genießen lässt. Bezeichnender Anfang! Nichtsdestotrotz, ich bin nicht hier zum Jammern, sondern zum Klotzen und fliege selbst mit bereits angemietetem Haus flott wieder heim nach Dubai.

Juni 09 landen wir dann mit vier Viechern (inzwischen haben wir noch die Katze „Floy", die eines Tages schlicht im Haus auftaucht, Hunde ignoriert und bleibt), Koffern und Luftmatratzen in Tripoli. Die vereinbarte Küche im angemieteten Haus glänzt durch Abwesenheit, ich kaufe am selben Tag noch kurz einen runden Plastiktisch mit vier Stühlen und einen Campinggaskocher, das war's. Unsere zwei zusätzlichen Koffer, die als begleitetes Gepäck eigentlich auf dem nicht vorhandenen Band sein müssten, fehlen. Ich will wissen, wie das Land tickt, also beharre ich darauf, diese persönlich mit dem Fahrer am nächsten Tag aus dem Frachtzoll zu holen. Morgens um neun geht's los und nachmittags um drei, kurz vor Schluss, sind wir nach sage und schreibe elf Stationen mit den Koffern wieder draußen. Hier trägt einer was in eine Kladde ein, da bekommt einer 20 Cent Gebühr usw. usf. und überall ist extensives Warten angesagt, um die wertvollen Genossen nicht zu sehr zu stressen. Nun weiß ich, wie das hier funktioniert bei einer Mio. Staatsangestellten von 1,8 Mio. libyschen Arbeitskräften.

Gaddafis Libyen ist offiziell sozialistisch und wie die meisten dieser Staaten eine schlichte Diktatur, in diesem Fall mit mehr ausländischen als inländischen Arbeitskräften, meist aus Ägypten, Tunesien oder Afrikanern aus der Sahara und südlich davon, sehr viele illegal. Insgesamt lagen die Schätzungen damals bei 4,5 Mio. Einwohnern für das riesige Land und mindestens 1,5 Mio. Ausländern, wobei die Libyer selbst sich in diverse Ethnien aufteilen, die sich gegenseitig nicht zwingend grün sind. Gaddafi hält sie mit Druck, gegenseitigem Ausspielen und strategischen Geschenken zusammen. Bevölkert ist eigentlich nur der Küstenstreifen, wobei Tripoli im Westen und Benghazi im Osten hervortreten, der Rest ist Saharawüste. Staatsangestellte verdienen kaum was und sind häufig mehr privat als staatlich unterwegs, kostenfreie Krankenhäuser sind eine Katastrophe wie damals in Vietnam, selbst Libyer gehen nach Tunesien, wenn's ernst wird.

Vor allem, Spitzel diverser konkurrierender Dienste gibt es überall, man weiß nicht, wem man vertrauen kann, Telefone werden abgehört, Büros vermutlich auch, es erinnert stark an Stasizeiten in der DDR. Und mittenrein schlägt mein Schatz. Offen, freundlich zu jedermann und ohne jede Scheu muss ich sie leider etwas einbremsen, nachdem meine Jungs, offensichtlich vom Konkurrenzspitzeldienst, vor neuen „Freunden" warnen, die ich abends bei selbstgemachtem Wein in unserer Küche vorfinde. Doch ich greife vor.

Libyen ist zwar sozialistisch, doch auch muslimisch und daher offiziell trocken. Was soll ich sagen, es ist wie in Saudi-Arabien, doch mit zwei großen Unterschieden: Erstens sind die Grenzen für Gutvernetzte wie Schweizer Käse, man bekommt's dann mit Verbindungen auf dem Schwarzmarkt, und zweitens gibt es hervorragenden Traubenanbau aus der italienischen Besatzerzeit vor dem Zweiten Weltkrieg. Ebenfalls wie in Saudi-Arabien werden wir extrem schnell integriert und ich finde mich alsbald mit fünf Mann beim Weinkeltern wieder, die Trauben sind reif, wir brauchen Vorrat fürs nächste Jahr und gewinnen bei der ersten Weinprobe gleich den dritten Preis für eines unserer drei verschiedenen 200-Liter-Fässer!

Geschäftlich erwartet mich ein Minenfeld. An o. g. Abhörmanöver gewöhnt man sich schnell, wirklich Vertrauliches wird auf der Straße besprochen und allzu unbedarfte Anrufe aus den diversen HQs würge ich mit Auflegen ab, bis sie's kapiert haben. Nach anfänglichem Aufstand der Fahrer, da ich auf saubere Autos poche, erhalte ich hochoffiziellen Besuch des Arbeitsamtes, das hier teils wie eine Gewerkschaft fungiert. Grund ist, dass der Rädelsführer (besagter Cheffahrer, der mich zuerst vom Flughafen abholte) meint, er kann nicht verhindern, dass seine Kinder abends auf den Sitzen des Firmenwagens herumspringen und sie damit dreckig machen, und wenn mir das nicht passt, soll ich ihm doch einen zweiten Wagen für seine Privatnutzung zur Verfügung stellen, dann bleibt der erste sauberer.

Nun ja, meine Reaktion ist, dass ich ihm den Firmenwagen sofort wegnehme, ihm freundlich mitteile, dass er um Punkt acht in der Firma zu sein hat, den Wagen zu säubern und Öl, Benzin etc. zu kontrollieren hat, da dies sein Arbeitswerkzeug ist und er damit die Firma repräsentiert. Wenn er nicht will, bekommt er sofort eine Abmahnung. Nach einer Woche Schmollen und der zweiten Abmahnung kommt besagter Offizieller, dem ich erfolgreich die Vorzüge gut ausgebildeter Arbeitskräfte für Libyen darbringen kann und meinen Drang dabei tatkräftig zu unterstützen, nichts anderes ist der Sinn dieser Aktion.

Danach ist Ruhe im Fahrerlager und ich habe das Gefühl, dass die meisten anderen Kollegen heimlich applaudieren, wobei wir nicht viele lokale Angestellte haben, die meisten sind projektbezogene Kollegen aus den diversen HQs. Die Landesgesellschaft soll ja erst aufgebaut werden.

Dann ist da das Thema Krankenversicherung für lokale Angestellte. Es gibt schlicht keine. Aufgrund der gesetzlich verankerten freien Versorgung macht das ja Sinn, doch aufgrund der tatsächlichen Krankenversorgung und der Tatsache, dass jeder dafür privat nach Tunesien pilgert, nicht wirklich. Ein Akt über fast ein Jahr, doch gekrönt mit einer Krankenversicherung inklusive Tunesienversorgung für alle und dankbarer Mannschaft, was uns noch sehr zugutekommt, auch im Arbeitsamt!

Auch dringendst, muss gleich am Anfang ein gewisser „Rückstau“ in den Steuererklärungen der letzten Jahre gelöst werden. Wir haben zwar einen alteingesessenen, gewitzten und gestandenen Steuerberater, doch auch der kann die Behörden nur bis zu einem gewissen Punkt vertrösten. Also beruhigen wir ebendiese (ist ja jetzt ein Neuer da) und ich mache (als Neuer) massiv Druck in den diversen HQs, die benötigten Unterlagen diverser Vorjahre in Echtzeit zu senden. Eine Sisyphusaufgabe angesichts der Masse der voneinander unabhängigen Ansprechpartner in diversen HQs sowie der betroffenen Zeiträume und immer unter dem Banner vermutlicher Abhörung.

Nicht lange und ich bekomme eine Ansprechpartnerin in zentraler Steuerfunktion im HQ, die sich dann mit all den netten Ignoranten rumschlägt (mit mir als Brandbeschleuniger, wenn’s hakt), und mein Verhältnis mit unserem Steuerberater schaltet von mich veräppeln zu Einladungen im Familienkreis um. Ab da geht’s gut voran und wir schaffen es tatsächlich, auch dieses Thema nach einem Jahr aus der Kurve zu nehmen. Doch der Aufwand ist enorm.

Unter Libyen kann sich kaum einer was vorstellen und ich mache die Feststellung, dass viele davor zurückscheuen. Also ist es wichtig, den zentralen Partnern das Thema nahezubringen, ob sie wollen oder nicht. Folglich kommt die gute Steuerdame auf meine „Einladung“ auch nach Tripoli, damit sie mal weiß, wie das hier so zugeht, und ich mich aus dem Thema wieder etwas entfernen kann. Die Vorstellung bei unserem Steuerberater am Morgen nach ihrer Landung lief in etwa so:

Er: „Na, schon früh wach gewesen heute?“

Sie: „Ja, wie meist, woher wissen Sie das?“

Er: „Na ja, Sie haben um 7.05 Uhr das Hotel verlassen, sind durch Straße X nach Y und via Z wieder zurückgelaufen und waren um 7.30 Uhr wieder im Hotel, war das Joggen schön bei uns?“

Sie wird ganz blass, ich muss mal wieder massiv an mich halten, um nicht lauthals zu lachen, und er hat ihr deutlich gemacht, in wessen Hinterhof sie nun spielt. Danach habe ich auf jeden Fall jede Unterstützung, die ich brauche, passt.

So spannend das geschäftliche Umfeld auch ist, privat leben wir uns jedenfalls sehr schnell ein. Unser Haus ist hübsch mit großem Garten, Pool, Grillplatz etc. und liegt außerhalb der Stadt auf dem Land in einer Farm, umgeben von kaum Nachbarn, doch dafür Orangen-, Zitronen-, Feigen- und Olivenhainen mit gut 400 m Sand zur nächsten Teerstraße. Wir haben regelmäßig Stromausfälle bis zu acht Stunden, was wir später mittels eines großen (diesmal modernen) automatischen Generators kompensieren, und kaum zwei Monate nach Ankunft ist auch schon die Küche fertig, kurz bevor die Möbel und (ganz wichtig) die Harley kommen.

Die kleine, doch feine deutschsprachige Gemeinschaft ist schnell kennengelernt bei diversen Festen im Botschafts- und Privatkreis, es gibt einen harten Kern von Moped-Enthusiasten und wir machen oft extrem interessante Touren mit bis zu vierzig Autos und Mopeds zu den diversen historischen Anlagen der Berber sowie der Römer, von denen es im Küstenstreifen einige gibt, die meist von der UNESCO wunderschön restauriert sind (Sabratha, Leptis Magna, Nalut usw.).

Da ist zum Beispiel Roland, dazumal fast siebzig und seines Zeichens ewiger Libyer, der seine alte 1000er BMW Boxer aus den 70ern mit Blechbüchsen und Draht am Leben hält, doch damit fährt, dass ich schon richtig Spaß dabei habe, oder Jörn, der mit seiner knapp 200 PS starken Kiste durch die Pampa brettert und meint, meine Harley habe keine Bremsen (na ja, seine sind echt besser, doch wer bremst, hat Angst, oder?).

Jeder braut irgendwas, man kann wieder viel lernen. Bei Dieter (ebenfalls Urgestein im Gefilde) wird der Wein gemacht, Jörn, David, Micha und ich machen unser jeweiliges Bier und von den Freunden der diversen Botschaften wird echtes beigesteuert. Es ist eine eingeschworene Gemeinschaft, es gibt immer einen Grund zum Feiern und zu vielen halten die Kontakte bis heute. Kurz, wir fühlen uns relativ schnell sauwohl.

Henny, mangels natürlicher Scheu, hat relativ schnell auch Kontakt zu Einheimischen auf privater Basis, woraus sich ebenfalls Freundschaften bis heute ergeben, und steigt ins Hausvermittlungsgeschäft für Ausländer ein. Marc geht in die nahegelegene internationale Schule, wo Lars ihm, seinen und anderen Kids das flotte Schwimmen näherbringt. Da sehen wir auch mal ziemlich drastisch den Qualitätsunterschied diverser Schulen. Diese hier ist Klassen unter der in Dubai, nicht mangels Ausstattung oder Lehrpersonal, sondern weil teils relativ stark verzogene Jungs lokaler Größen den Lehrbetrieb doch ziemlich verlangsamen und den Lehrern bei Androhung der Ausweisung die Hände gebunden sind. Doch er hat schnell Freunde, lernt auch reiten und fühlt sich doch recht wohl, wie es uns scheint.

Auch Skifahren lernt er im Dezember, nein, nicht in Libyen, sondern in Garmisch, das wir nach einer Odyssee erreichen. Es geht in Tripoli schon los, das Computernetzwerk ist am Flughafen ausgefallen. Wir warten in langer Schlange, nichts bewegt sich. Mein Anruf beim örtlichen LH-Chef wird mit „Bin gerade mit den Kids im Garten, was soll ich da tun?“ abgeschmettert. Na sauber, LH mal wieder. Also gut, selbst ist der Mann. Die LH hat zwei unabhängige Computer im Büro im ersten Stock, doch glänzt durch Abwesenheit. Einer ihrer Unterauftragnehmer holt sich ein paar Pässe, läuft hoch ins Büro, druckt Bordkarten dort aus, kommt wieder runter und wiederholt die Prozedur. Die eigentlichen Eincheckweiber bewegen sich keinen Meter vom nichtfunktionierenden Check-in-Counter weg. Also fange ich an, den Laufdienst aufzunehmen, um dem armen Kerl zumindest dieses zu ersparen und die ganze Prozedur um die Hälfte zu verkürzen. Wir kommen am Flughafen Frankfurt Main um zweieinhalb Stunden verspätet an, kein Anschluss mehr nach München, auch wegen Schneesturm. Also ab in die Bahn, was im Kneipenwagen dann auch ganz lustig ist, um nachts um drei im Hotel aufzuschlagen. Wer will, der kann.

Auch unser Bärle erblickt um diese Zeit das Licht der Welt bei Nina und Jens. Ende Januar bekomme ich dann nichtsahnend im Büro einen Anruf meiner Göttergattin, die unmissverständlich meint: „Entweder du kommst und suchst dir den Welpen aus oder wir machen das.“ Ups, wenig Diskussionsmöglichkeiten, also wohl besser drum kümmern und hast du’s nicht gesehen stolpert der „Bär“ der Winzbande auf mich zu und bleibt.

Mitten im Fasching fällt Gaddafi Senior dann ein, dass er die Inhaftierung von Gaddafi Junior für zwei Nächte in der Schweiz wenig lustig findet. Spross Hannibal meinte, einen seiner Hausgeister im Hotel verprügeln zu müssen, das fanden die Schweizer Gendarmen wohl wenig humorvoll. Überhaupt ein trauriger Fasching, denn wie es halt so ist, endet das folgende Hickhack im Einreiseverbot für ihn und einige seiner Schergen in der Schweiz (und damit im Schengen-Gebiet). Seine Reaktion ist, sämtlichen „Schengenbürgern“ über Nacht die Einreise nach Libyen zu verbieten. Visa oder nicht, egal.

Mit dem Ergebnis, dass am Morgen volle Flugzeuge schlicht voll zurückfliegen und wir de facto eingesperrt sind. Wer immer zwecks Arbeit hier sein muss, kann nicht raus, da er nicht mehr reinkommt. Nina und Jens sind gerade beim Fasching in Deutschland und wir kurz darauf um den gesamten Wurf plus Mutter reicher. Nun haben wir elf Hunde und Floy aus Dubai nur noch im Baum, der Garten wird im „Bombentrichterstil" umgemodelt und Langeweile hat keine Chance.

Da wir eh schon „eingesperrt" sind, nutzen wir die Gelegenheit auch gleich, um uns mal so die richtige Sahara anzuschauen. Also mit drei Familien ab nach Ghat und der südlichsten Grenze zu Algerien, dann mit Jeeps durch das Akakus-Gebirge und die Dünenwüste nördlich von Niger und Tschad bis Sabha. Mehr Wüste geht kaum und Jörn „versüßt" die Abende mit Selbstgebranntem. Im Sommer, nachdem Gaddafi im Mai „ausgebockt" hat, packen wir mit fünf Familien dann auch noch eine Marokkorundtour mit Bus und kaltem Bier an Bord obendrauf, die Truppe wächst immer enger zusammen, einfach herrlich.

Muttern lässt es sich auch nicht nehmen, uns zu beehren, nach Jakarta brettert sie inzwischen sogar bei mir hinten auf der Harley durch die heiße Wüstenluft, der Temperaturunterschied zwischen Küstennähe und Hinterland ist klar zu spüren, was auch Dennis mitbekommt, als ich ihn nach Ghadames schleppe.

Mein Schatz liegt mir außerdem ausgerechnet in Libyen plötzlich in den Ohren, dass sie nun eine eigene Harley braucht. Mit Müh und Not überzeuge ich sie, doch erst mal mit was Kleinerem anzufangen, Harleys sind hier eh nicht wirklich zu haben. Sie lenkt ein (schwitz) und findet tatsächlich eine ältere 650er Suzuki Savage Einzylinder. Bei Karlchen (ebenfalls Urgestein im Ländle) auf dem Hof wird Probe gefahren – läuft auch alles gut, bis sie in der letzten sandigen Kurve mit stolzgeschwellter Brust den Arm zum Winken hebt und – ja, auf das Näschen fällt. Filmreif!

Unbeeindruckt meint sie, egal, das Moped muss her, nur, äh, brauche ich hier einen Führerschein? Ach ja, richtig, da waren ja noch diese unangenehmen Formalitäten eventuell engstirniger Gesetzeshüter zu befriedigen. Ohne geht nicht, meint Karlchen, doch kein Problem, das bekommen wir schon hin.

Zwei Tage später bekomme ich mal wieder einen denkwürdigen Anruf.

Karlchen: „Bernd, wir haben da ein Problem. Henny ist die allererste Frau, die in Libyen einen Motorradführerschein macht, das hatten die noch nie."

Ich: „Okay, und das bedeutet was?"

Karlchen: „Na ja, wir brauchen zwei Tage länger!"

Und so ist dann auch das geklärt, er hält tatsächlich Wort und Henny fängt kurz darauf das Fahren an. Öh, erst mal im Garten zum Üben, geht sogar. Dann geht's vors Haus auf die Sandpiste. Den Beschreibungen von unserem ghanaischen Gärtner und Wachmann entnahm ich, dass er hinter dem Moped herrannte, um es zu stabilisieren, doch die Madam nach dem dritten Mal Sandfuttern dann wohl genug hatte und das Moped den 400 m entfernten Teerbelag nie erreichte. Gewisse Prioritäten verschoben sich danach wohl wieder, schade.

Zwecks Kontrast geht's im Winter nochmal zum Skifahren, diesmal nach Wildkogel, den Sepp besuchen, der dort auch gerade Urlaub von Korea macht. Da Marc mit seinen neun Jahren anfängt, wie ein Wilder die schwarzen Pisten beackern zu wollen, und ich keine Lust hab, die Hänge hinter ihm herzulaufen, mache ich einen Auffrischkurs und stelle fest, es gibt keine normalen Ski mehr. Nur noch dieses Carverzeug, das mich bei jedem Beinlupfen in der Kurve auf den Hosenboden schickt. Was hab ich erst mal geflucht. Das Beinlupfen ist selbst nach fünfunddreißig Jahren ohne Skifahren wie einzementiert in den grauen Zellen. Na ja, irgendwann geht es besser, doch Marc, der Knopf, hat mich klar geschlagen und wenn wir Henny dann gut im Jagertee schwimmend (ihre Aufwärmtaktik) abends aus der Berghütte auslösen, hab ich regelmäßig auch genug. Zum Abschluss fahren wir dann alle die 14 km (!) lange Schlittenstrecke runter mit vier (!) Kneipen auf dem Weg, die natürlich alle eingehend untersucht werden müssen. Henny erteilt Sepp nach der zweiten dann eine Absage, sie weiterhin eingehakt zu „führen", und wird recht mutig und flott, was eine Gaudi.

Die Vorbereitungen zur Landesgesellschaftsgründung laufen auf vollen Touren, Gebäude ist auch schon gefunden, da knallt es in Tunesien und kurz darauf auch in Ägypten, Jemen und Syrien. Der Arabische Frühling ist angekommen, die Menschen haben genug von ihren jahrzehntelang plündernden Herrschern, die sich wie Götter fühlen und aufführen. Selbst alteingesessene Königreiche wie Marokko, Bahrain, Jordanien und ansatzweise Saudi-Arabien bekommen Probleme auf den Straßen. Die ganze Gegend fängt zu brennen an.

Die ersten Wochen im Januar sind komplett ruhig in Libyen, während in Tunesien der erste Oberkasper aus dem Land flieht. Wir kleben jeden Abend an den Nachrichten der Al Jazeera (die damals noch professioneller unterwegs ist) mit Liveszenen aus den verschiedenen Ländern, doch allgemein herrscht noch die Meinung vor, dass Gaddafi sein Land fest im Griff hat. Als es dann auf der anderen Seite Libyens in Ägypten Ende Januar 2011 auch losgeht und Mubarak schon zwei Wochen später abdankt, wandelt sich die Ruhe im Land zur Grabesstille.

Am Freitagabend, dem 11.2., beim Grillen mit Lars und Freunden holt uns die Meldung vom Abgang Mubaraks ein. Als ich Sonntag früh (Wochenanfang) ins Büro komme, ist alles noch ruhig, doch kurz darauf kommen meine Jungs zu mir und erzählen von einer Menschenansammlung am „Grünen Platz", seines Zeichens symbolisch wie der Tahrirplatz in Kairo, der Mubaraks Gegner beherbergte. Sofort gehen alle Alarmglocken bei mir an.

Die Kollegen in Kairo haben massiv Probleme, weil alle Banken geschlossen sind. Keine Löhne, keine Ausgaben jedweder Art sind möglich ohne Bargeld. Die Landesgesellschaft ist gelähmt und Mitarbeiter ohne Reserven stehen schon ohne Januargehalt da. Das soll uns nicht passieren, also schicke ich sofort meinen Kassenführer mit Bewachung zur Bank, den Kontostand in Bargeld umzuwandeln (was mir später eine Complianceuntersuchung durch Anwälte eingebrockt, egal, es war wichtig und richtig!). Er schafft's und kommt um 10 Uhr morgens mit der Meldung zurück, dass die Bank direkt hinter ihm zugeschlossen hat (und zwar für Monate!) und Massen Richtung Grünem Platz marschieren.

So um die Mittagszeit knallt es dann auch schon, Hubschrauber kreisen über dem Platz und man versucht die Massen vom Platz zu vertreiben. Wir hören die ersten Schüsse und schicken alle heim mit dem Hinweis, wohl besser gewisse Vorräte anzuschaffen. Holger, seines Zeichens CEO, verabredet auch mit Dubai (unserem HQ mit Krisenmanagementtruppe für Middle East), zunächst die Evakuierung aller Expat-Familien und nicht zwingend nötiger Mitarbeiter einzuleiten. Wir wählen unser Haus, da abgelegen und nahe Flughafen auf Schleichwegen, zum Krisen- und Sammelzentrum. Ich nehme alle Pässe aus dem Safe und fahre heim. Kurz darauf kaufe ich auch Lebensmittel, Decken, Kopfkissen etc., um ca. drei Vierteln der 112 Mitarbeiter bzw. Familien Übernachtung bei uns bieten zu können.

Tripoli explodiert über Nacht und in Benghazi im Osten knallt es ebenfalls. Als ich am nächsten frühen Morgen ins Büro fahre, um mit dem Kassenführer die Lohntüten vorzeitig fertigzumachen, damit alle genug Geld für Vorräte haben, steht das Parlamentsgebäude neben dem Büro in Flammen und kaum fertig wird auf dem Parkplatz geschossen. Lohntütenverteilung ist organisiert, alles Geld und wichtige Akten im Auto und weg bin ich wieder. Dies ist das letzte Mal, dass ich das Büro sehe. Ab dieser Nacht brechen auch regelmäßig alle Kommunikationskanäle zusammen. Tagsüber geht fast gar nichts mehr, nachts so zwischen zwei und vier kommt man wieder durch.

So kommt es, dass ich, kaum eingenickt, wieder unsanft aus dem Schlaraffenland gerissen werde und am anderen Ende ein völlig unverständlicher, knarziger schottischer Slang versucht, meinem verpennten Hirn was von frühmorgendlichen Flügen zu erzählen. „Langsam, Jung, kanns'e das nochmal normalverständlich wiederholen?" Ne, geht nicht wirklich, ich brauche ein paar Tage, bis ich Bobbys Dialekt ohne zu viel Fantasie verstehe. Doch er (Ex-SAS) und seine Jungs organisieren Fluchtwege für alle (vor allem aber für diejenigen, welche nicht mehr nach Tripoli können, doch deren Pässe nun bei mir zuhause sind) und besorgen Tickets. Seit Tunesien im Dezember ist die Truppe im Dauerstress, macht einen Superjob und ist 24/7 erreichbar. Da kommt der Vorteil einer großen, welterfahrenen Firma voll zum Tragen!

Zum Beispiel hatten wir auch schon vorgesorgt und ein paar Satellitentelefone dabei. Doch wie das so ist, es ist Februar und prompt ist alles bewölkt bei Regen und 10 Grad Kälte. Dichte Wolken mögen die Telefone gar nicht, also sind sie leider auch nur bedingt hilfreich, als wir sie dann wirklich brauchen.

Im Haus herrscht erst mal Chaos. Wir sammeln die Familien bei uns, um dann kurzfristig per Sammeltransport Richtung Flughafen fahren zu können, sobald Tickets bestätigt sind. Jeder versucht seine HQs oder Familien zuhause zu erreichen. Da wird dann auch klar, warum die Netze zusammenbrechen, wobei Gaddafis Schergen hier wohl auch feste im Netzwerk mitmischen. Henny backt und kocht wie eine Wilde, um alle bei guter Laune zu halten. Marc bekommt den Auftrag, alle Kids entweder in seinem Zimmer oder im Garten zu halten. Er macht das total cool, ohne viel Stress. Morgens um elf bekomme ich mit, wie er Wasser in der Küche holt und auf Mamas Frage, ob er denn schon gefrühstückt hätte, antwortet: „Hast du denn Zeit für mich?" Mit neun Jahren!

Nach dem nächtlichen schottischen Kauderwelsch bringe ich die ersten an Tag 2 zum Flughafen, nur um festzustellen, dass unser Heim gar kein Chaos hat. Oh nein, das Chaos herrscht hier. Und zwar massiv. Man kann sich das kaum vorstellen. Auf den riesigen Parkplatz kommen wir schon gar nicht mehr. Auf dem stehen nicht nur Autos kreuz und quer, sondern jeder Quadratmeter ist von Leuten mit und ohne Zelte belegt. Es liegen schon jede Menge Koffer und Inhalte herum (später laufen wir wirklich über Berge davon), weil am Flughafen so ein Gedränge ist, dass kein Koffer mehr mitkann. Die Menschen stehen dicht an dicht, kaum einer hat Tickets, viele haben keine Pässe (illegal im Land) und es wird um jeden Zentimeter gekämpft. Im Gebäude sieht es bis zu den Eincheckschaltern genauso aus. Schon am nächsten Tag sehe ich, wie Bewusstlose über die Köpfe der noch Stehenden rausgereicht werden. Selbst Leute mit Pässen und Tickets haben keine Chance hineinzugelangen, Flieger gehen trotz Stunden Verspätung halbleer raus, da alle vor Dunkelheit weg sein müssen.

Inzwischen hat die deutsche Botschaft jedoch schon einen kleinen Bus als Sammelstation organisiert und Heiko, den Sicherheitsmann (und Kumpel von Partys), als hünenhaften Bulldozer, um nicht nur unsere Leute im Gänsemarsch eng hinter ihm ins Gebäude zu den Schaltern zu pressen. Hut ab und ich muss ehrlich sagen, die Zusammenarbeit mit der Botschaft auch bei schwierigen Evakuierungen später aus Wüstencamps mit SAS-Fliegern war beispiellos und einige sind wirklich extrem engagiert dabei.

Nach vier Tagen ist es Zeit, dass auch Henny und Marc mit den letzten Familien nach Frankfurt am Main ausfliegen, wir hören schon Artilleriegedonner von Westen, wo Rebellen gegen die Armee anstürmen. Ich muss sie buchstäblich vom Ofen wegziehen, in dem unser letztes Brot backt. Wenn sie weg ist, gibt's keins mehr. Ich vertraue sie Zakaria, unserem Amtsverbindungsmann, an und als ich Stunden später ein paar Pässe für

Monteure bringe, die sich direkt zum Flughafen durchgeschlagen haben, stehen die beiden gerade am Eincheckschalter in dieser schiebenden Menschenmasse. Sie hat einen kleinen Handkoffer mit unseren wichtigsten Unterlagen dabei, sonst nichts. Nochmal, Heiko sei Dank! Sie schaffen es in die Maschine und raus. In Frankfurt stehen Siemens-Kollegen, die sich um die Ankömmlinge kümmern, die ja alle fast nichts dabei haben, und Muttern holt sie tags drauf vom Hotel ab. Sie haben sich beide tapfer geschlagen, keine Panik, kein Gezeter, einfach nur praktisch unterwegs und fest in der Brandung. Trotzdem … puuh, eine Sorge weniger!

Die nächsten Tage sind von permanenter Hektik, Geräuschkulisse im Kriegsfilmjargon und kaum Schlaf geprägt. Gut dass wir einen nennenswerten Vorrat an selbstgebrautem Bier, Wein und Siddiqi sowie einiges an Vorgekochtem von Henny haben, unsere Jungs, die so langsam aus den verschiedensten Wüstencamps eintrudeln, können sich's schmecken lassen und endlich wieder relaxen. Die meisten haben recht nervenbelastende Odysseen hinter sich, da muss die „Schockgrundversorgung" stimmen. Wir konzentrieren uns zunehmend auf die schwierigen Fälle, vor allem im Osten Libyens. Dort werden inzwischen Camps überfallen und ausgeraubt und wir bringen die Leute über Wasser Richtung Türkei oder über Land nach Ägypten raus.

Die Kollegen in Kairo, selbst noch im Schlamassel, kümmern sich um neue Pässe (alte sind bei mir) und lotsen die Jungs über die Grenze, der letzte ist Syrer – nicht einfach! Auch hier sind wir sehr dankbar für die Zusammenarbeit.

Wir organisieren, dass die Wächter der verschiedenen Privathäuser künftig bezahlt werden (sonst sind die bald leer), ebenso natürlich unser lokales Personal (hab ja für Cash gesorgt!), dass Tierfuttervorrat da ist (nun sind's wieder drei Hunde und ne Katz) usw. Noch denken wir, dass es hoffentlich bald wieder vorbei ist (wie in Tunesien und Kairo) und wir danach wiederkommen. Ich will eigentlich gar nicht raus, ist schließlich nicht das erste Mal, dass es um mich herum knallt, außerdem befindet sich alles, was wir haben, nun mal hier. Doch als nach acht Tagen der Letzte morgens draußen ist (o. g. Syrer), bekommen Holger und ich mal wieder einen Anruf. Raus, und zwar jetzt, die letzte europäische Maschine fliegt in zwei Stunden nach Ungarn. Mein kurzes „Aber" wird direkt abgeschmettert. Na gut, sie haben ja recht. Also alle Lebensmittel an unseren Wächter, seinen Lohn für ein paar Monate an den Hauswirt, die Hunde verabschiedet und weg geht's.

Es ist immer noch eiskalt, so maximal 10 Grad, und am Flughafen erwartet uns das übliche Chaos mit zigtausenden (!) von Menschen, die hier verzweifelt und ohne Unterstützung, Lebensmittel, Toiletten etc. seit Tagen ausharren, doch wir schaffen es, uns auch ohne Heiko regelrecht durchzuboxen. Ungarn hat derzeit den EU-Vorsitz und schickt die letzte Maschine mit martialisch ausgerüstetem Spezialkommando, wohl da viele Botschafter (neben mir sitzt der tschechische) ebenfalls diese letzte Gelegenheit nutzen. Es ist so um vier, bis wir endlich losfliegen können, die Kiste ist rappelvoll und – kein Bier!

Ja, wie? Wir landen in einer Art Kaserne mit Buffet und allen möglichen Leuten aus Botschaften etc., die sich um uns kümmern wollen, doch wieder ohne Bier. Geht gar nicht! Holger und ich schauen uns an – nichts wie weg hier. Also raus aus einer Hintertür und – aaah, wir laufen direkt einer Meute von Reportern in die Arme. „Kommt ihr aus Libyen?" – „Nee, Libyen kenn ich nicht." ... und außerdem brauch ich jetzt verdammt nochmal endlich ein Bier! Taxi gibt's, Hotel wissen wir und ne halbe Stunde später hab ich endlich, was ich will.

Tags drauf wollen uns unser Chef in Erlangen und Kollegen am Nürnberger Flughafen einen Empfang bereiten. Ist ja echt lieb, doch ich muss passen, bin müde, ausgebrannt und will nach

Hause zu Muttern und Familie, buche in München um nach Stuttgart und bin erst mal weg.

PS: Die obigen Zeilen über die Evakuierung Libyens schreibe ich Mitte August 21, just in der Zeit, in der das Drama der Talibanübernahme von Kabul und das anschließende Chaos der Evakuierung am Flughafen seinen Lauf nimmt. Ich kann mich sehr gut in die Menschen dort hineinversetzen. Was ein Zufall!

Erste Ausfahrt mit der "Night Train", bis heute treu vereint! (oben)

Familientreffen in Lindau (Mitte, links)

Weinversorgung 2010 ist gesichert (Mitte, rechts)

Auf Tour in West Libyen (rechts)

…nd da waren's drei. Bärle zieht ein (oben)

Auch in Tripoli lässt es sich gut leben! (rechts)

Der neue „Boyfriend" Suzi 650er (links)

Heimspiel

Tja, die Welt bleibt nicht stehen, wir brauchen eine temporäre Bleibe in Erlangen, Marc muss auf eine Schule und – ja klar, wir haben alle nichts, um die edlen Alabasterkörper zu umhüllen, und es ist immerhin Februar! Henny läuft in Mutterns Sachen rum, geht nicht wirklich, also erst mal ab zum Basiseindecken. Marc hellt die Stimmung auf mit Bemerkungen wie „Du siehst aus wie Jabba the Hutt" auf Mamas leichtsinnige Frage bezüglich ihrer Wahl, doch es ist der Beginn einer sorgenvollen Zeit. Schließlich ist alles, was wir besitzen, inklusive zweier Hunde (Fetz und Lady), die bei Marcs Geburt in Malaysia schon dabei waren, zurückgeblieben und meine täglichen Telefonate mit Zurückgebliebenen klingen nicht vielversprechend.

Wie auch immer, Erlangen nimmt uns kurz darauf äußerst herzlich auf. Mitra (Holgers bessere Hälfte) ist im Wohnungsvermietungsgeschäft und besorgt uns eine gemütliche, kleine, möblierte Bude mit gegenüberliegendem Biergarten und in der Nähe der internationalen Schule für Marc, der ja erst mal im gleichen Schulsystem weitermachen muss. Außerdem treffen wir nun viele Freunde aus verschiedenen Ländern wieder, die sich hier inzwischen niedergelassen haben. Wir bekommen Kleidung, Haushaltszeug etc. geschenkt, jeder hat was übrig und wir sind ruckzuck integriert.

Geschäftlich bin ich mit Holger natürlich nach wir vor für Libyen verantwortlich. Wir bekommen ein Büro und tun, was wir können, um unsere Leute und Kunden vor Ort zu unterstützen. Anfangs ja noch in der Hoffnung, wir können zurück, ist dies unser Ansatz. Ich fange an, mit Versicherungen herumzudiskutieren, wir verfolgen die nächste Steuererklärung mit unserem Berater usw. Dann kommen die ersten Nachrichten, dass libysche Revolutionäre anfangen, Schwarzafrikaner auf offener Straße zu jagen und zu erschießen, da Gaddafi nigerianische Söldner angeheuert hat, die wiederum die Revolutionäre jagen. Plötzlich sind alle unsere Wächter in Panik.

Wir beschließen firmenübergreifend mit Freunden die Evakuierung von 35 Hunden und jeder Menge Katzen über Tunesien. Wir organisieren den Transport mit unserem lokalen Spediteur und den Tierarzt zum Einfangen der Viecher. Wir verabreden, diese an der Grenze zu übernehmen und erst mal in Djerba unterzubringen, von wo jeder selbst seinen Rücktransport organisiert.

Keinen Tag zu früh, zwei Tage vor Abholung ist unser Wächter aus Ghana plötzlich verschwunden, ich höre, er flieht mit Freunden, der Hauswirt springt für die Übergabe ein, puuh. Da ich nach Nürnberg importiere, versuche ich den zuständigen Tierarzt ausfindig zu machen. Fast unmöglich in Deutschland, doch ich erwische ihn am Tag des Abflugs am Flughafen. Tom, der Tierarzt, ist perplex. Erst mal von der Story und dann davon, dass ich ihn vor Ankunft kontaktiere, um den Stress unserer „Familie" danach möglichst klein zu halten. Wir werden gute Freunde später und er meinte, das sei ihm auch das erste Mal passiert. Doch nichts ist zu Ende, bevor es zu Ende ist. Wir bekommen alle raus aus Libyen wie geplant (laut Fahrer durch mehr als dreißig Straßensperren von Rebellen, Armee und Dorfmilizen), doch Lady stirbt in der ersten Nacht auf Djerba. Sie ist bereits über zwölf, wohl zu viel Stress. Einige haben sich ein Haus gemietet, unten die Hunde und oben in einem Zimmer die Katzen. Das geht auch nicht gut, einige Katzen gibt es nicht mehr, als wir abends vom Essen zurückkommen.

Also fahre ich mit dem Taxi und nun zwei Hunden plus Katze zum Airport in Tunis. Tom gibt mir Floy direkt mit nach Ankunft, doch die Hunde müssen in Quarantäne. In dieser stellt sich heraus, dass Fetz Lungenkrebs hat. Er ist seit Januar immer schwerer am Atmen und inzwischen sehr langsam geworden. Nun wissen wir, warum. Ich schaffe es durchzusetzen, dass wir ihn für 24 Stunden bekommen, bevor er in unseren Armen auf dem Sofa eingeschläfert wird. Ein Schock für uns alle, vor allem aber für Marc, nicht nur Freunde und Heim, sondern auch noch die beide Hunde zu verlieren, die ihn sein ganzes Leben begleitet haben.

Ende März fängt die Nato an, Tripoli zu bombardieren, oder besser alle militärischen und staatlichen Einrichtungen dort, an denen es keinen Mangel gibt. Mittlerweile ist klar, dass wir wohl länger auf Rückkehr warten müssen. Wir organisieren ein Libyen-Treffen (teils mit o. g. Hunden!) in Fulda, sie kommen aus ganz Deutschland und Österreich angereist. Einige sind jedoch noch im Land, z. B. Karlchen, der eines Morgens auf meine Frage, ob er gut geschlafen hat, nur trocken meint: „Letzte Nacht haben mir die Hosenbeine vor der Tür geschlackert." Er meint die Druckwellen der Bombardierungen der vier Kasernen um ihn herum, die ihn aus dem Bett gejagt haben. Eine Bombe hat auch Teile unserer dort eingelagerten nagelneuen 110-KV-Anlage getroffen, die nächste Diskussion mit der Versicherung.

Eines Morgens meint er, er habe nun auch genug Waffen, sich zu verteidigen. Auf meine Frage, woher das nun wieder, erfahre ich, dass die Nacht zuvor einige Bewaffnete irgendwo über die Mauer seines Riesengeländes kamen und sein halbes Duzend Schäferhunde die Herrschaften recht flott eines Besseren belehrten. „Die sind so schnell zurück über die Mauer geflüchtet, dass sie die Kalaschnikows einfach haben liegenlassen", lacht er.

Das Einleben in Deutschland gestaltet sich vielschichtig. Henny fühlt sich wohl, sie will es eh schon länger intensiver kennenlernen und genießt es, in Erlangen gleich wieder unter Freunden zu sein, sowie die Waldspaziergänge mit Bärle zum nächsten Biergarten. Das Wetter ist extrem sonnig im Frühjahr 2011. Marc mag die relative Freiheit, nun mit dem Fahrrad selbständig in die Schule radeln zu können, doch seine Reaktion auf meine Frage, ob er denn schon Schulfreunde hat, gibt mir schwer zu denken: „Nee, wieso? Wir gehen doch eh bald wieder." Hmm, nicht gut.

Und – er kennt mich doch besser als gedacht. Als Henny eines Tages den Briefkasten leeren will, meint er ganz lakonisch: „Lass es sein, Mama, Papa ärgert sich immer, wenn Post kommt." Hmm, stimmt. Da sind nämlich einige Strafzettel drin für zu schnelles Fahren oder den falschen Abstand oder … was immer für einen Blödsinn. Ja, ich tu mich schwer – eigentlich wie erwartet.

Das einzig Gute ist, der nahe Wald animiert mich, das Joggen wieder anzufangen, musste ich nach einem Mopedunfall 2004 mit durchgescheuertem Knie erst mal aufgeben. Arthrose im demolierten Knie war der Richterspruch, Massen an Glukosamin ist über Jahre mein Kampfmittel dagegen, und siehe da, es geht! Ziemlich flott kann ich zum Leidwesen von Bärle, des faulsten Hundes, den ich kenne, wieder stundenlang die Schuhe ruinieren.

Auch im Büro läuft das Leben anders als gewohnt. Alles ist natürlich geregelt, doch einiges ist nun wirklich überreguliert, viele reagieren dadurch in meinen Augen wie die Bierkutschenpferde mit den großen Scheuklappen, die links und rechts das Sichtfeld einengen. Ja nicht über das eigene Verantwortungsfeld hinaus denken, bloß keine Entscheidung treffen, die nicht schon irgendwo getroffen wurde, und um Gottes willen immer einen Paragraphen zitieren können, der einen ansonsten nach oben delegieren lässt. Vieles muss in einer Krise auch mal ad hoc, schnell und eher unbürokratisch gelöst und entschieden werden. Sonst kommt man da nicht durch. Das geht in diesem Umfeld extrem schwer.

Als Erstes darf ich einem Untersuchungsausschuss mit externen Anwälten Rede und Antwort stehen, warum ich (als verantwortlicher CFO!) bei Ausbruch der Revolution alles Bargeld in Tripoli am Sonntagmorgen von der Bank abgehoben hatte. Bargeld ist schließlich hochgefährlich, man könnte ja jemanden bestechen. Bei uns ein Horrorszenario nach 2007. Meine Versuche, rationale Erklärungen zu liefern (so wie „Schläft ja alles in Deutschland um die Zeit"), bleiben erst mal fruchtlos, bis ein junger Anwalt den Fehler macht, mir zu erzählen, dass er seinen morgendlichen Kaffee in München schließlich auch mit der Kreditkarte bezahlt. Da ist Polen offen! Zugegeben, es schwingen einige Emotionen basierend auf der jüngsten Flucht mit, angefangen mit meinem Ausbruch, ob er sich denn schon jemals aus seinem Papierpalast heraus in die wirkliche Welt gewagt hätte. Doch nach fast halbstündigem Monolog über die Zustände, ständige Schusssalven, schlaflose Nächte, um Kollegen zu retten, das Chaos am Flughafen und Erfahrungen aus dem Golfkrieg und der 98er Revolution in Jakarta ist der Frust verraucht, die Küste wieder klar und die Jungs drücken mir die Hand zum Abschied.

Dann hab ich natürlich viel zu tun mit Libyen über „Remote Control“ und an meinem Arbeitsstil hat sich nichts geändert. Also bekomme ich kurz nach 10 Uhr abends plötzlich Besuch von einem Uniformierten im Büro. Er sei Wachpersonal und ich dürfe nun nicht mehr arbeiten, da zu spät! Ja wie, meint der das im Ernst??? Ja, meint er, nur wer ein bestimmtes Symbol auf dem Firmenausweis hat, also mindestens OFK ist, darf unbeschränkt hier sein. Alle anderen müssen um zehn nach Hause, sie könnten ja nachts einen Herzinfarkt bekommen und keiner bekommt es mit. Aha, sage ich, also darf ich hier nur als OFK abnibbeln, richtig? Ja nee, so meint er das nicht! Ich sag, Jung, pass auf. Mein Ausweis kommt aus Libyen, wir haben solchen Schnickschnack nicht. Lass mich hier in Ruhe fertigmachen und morgen ruft ihr meinen Chef an und fragt ihn, warum ich kein so hübsches Symbol auf dem Ausweis habe.

Der meinte am Morgen dann nur ganz lapidar: „Bernd, was hast du denn jetzt schon wieder angestellt?“ Ja, ja, jeder hat so sein Kreuz zu tragen.

Doch den Vogel schießt das Erlanger Rathaus ab. Inzwischen seit Jahren verheiratet und mit mannigfaltigen Langzeitvisa für Deutschland im Pass, muss Henny zum Test für die Aufenthaltsgenehmigung, weil wir länger als neunzig Tage im Ländle sein werden. Das lasse ich mir nicht nehmen, da geh ich mit. Eine Aufsichtsperson, rund dreißig Mann im Saal und gut zwanzig Seiten Test auf Deutsch! Er meint, ich müsse raus, das sagt der nur einmal! Die Fragen wie „Ist ihr Bruder ein Terrorist?“ oder „Kennen Sie einen Terroristen?“ lassen mich laut auflachen, doch im Endeffekt ist’s nur traurig. Was denken wir uns eigentlich dabei, einen solchen Schwachsinn von Menschen auf Deutsch ausfüllen zu lassen, die der Sprache kaum mächtig sind, und dann auch noch nachdem wir zwölf Jahre verheiratet sind, ein Kind haben und deutsche Firmen im Ausland vertreten! Ich bin auf hundertachtzig!

Durch diese Erfahrungen mehr und mehr geläutert, bin ich ganz froh, dass wir uns für die Evakuierung hunderter zurückgebliebener Koffer unserer Monteure bei befreundeten Firmen gegen Kostenbeteiligung anlehnen können und hier nicht selbst organisieren müssen. Innerhalb Libyens helfen unsere Leute, immer noch sehr dankbar für monatliche Gehälter aus dem fraglichen Bargeldbestand, ganz im Gegensatz zu vielen anderen, die nichts mehr bekommen. Doch spätestens Ende April wird klar, dass eine baldige Wiederkehr nach Libyen Wunschtraum ist. Das bedeutet, wir müssen auch die zehn vorhandenen Hausstände herausbekommen. Und hier muss ich nochmal sowohl meine Chefs als auch die Firma als solche hochhalten: Beide haben uns hier nicht hängen lassen.

Nun ja, auf Arbeitsebene sieht das ganz anders aus. Ich komme mir vor wie Don Quijote im Kampf gegen seine Windmühlen beim Versuch, es intern zu stemmen. Schwer genervt und im Wissen, dass die Zeit uns davonläuft mit jedem Tag weiterem Chaos in Tripoli, gebe ich auf und kontaktiere selbst Spediteure, bis ich einen finde, der Gemüse und Fleisch in Kühllastern immer noch von Tunis nach Tripoli transportiert. Volltreffer! Mein Vorschlag, die leere Rückfahrt mit Möbeltransport gegen Bezahlung zu garnieren, wird wohlwollend aufgenommen, selbst einen Laster voll Verpackungsmaterial bekommen wir organisiert. Meine Jungs vor Ort organisieren die Mannschaft zum Verpacken und schon kann das nächste „Abenteuer“ starten. Und ein solches ist es dann auch!

Es geht damit los, dass wir natürlich keinen verlässlichen Zeitplan in diesem Chaos in Tripoli haben, schließlich bombt die Nato noch immer jede Nacht Ministerien, Militärbasen und alles, was nach Gaddafi riecht. So erfahren wir sehr kurzfristig, wann wie viele Laster zur Verfügung stehen. Dann reagieren die Hauswirte recht unterschiedlich auf die Nachricht des jeweiligen Auszugs. Einer steht mit der Pistole im Fenster, schmeißt die Kleidung der Mieter raus und verkündet, das war's, schleicht euch. Ich bekomme es am Telefon live mit und befehle Rückzug. Bitte keine Schießerei wegen Möbeln. Einer kommt am Morgen des Packtages sogar in unser Tripoli-Büro und meint: „Oh, sorry, letzte Nacht wurden alle elektronischen Geräte aus dem Haus geklaut." Na so was!

Unseren Hauswirt rufe ich persönlich an (ich kenne seine Vorliebe für unseren Wein) und rate ihm, doch den Vorratsschrank mit Wein, Bier und Siddiqi auszuräumen, bevor die Packer einmarschieren. Macht er auch, doch unglücklicherweise schafft er alles in unser Bad, wo der alte Schmuck liegt, und schließt die Tür ab. Das war's. Er ist auch ein praktisch veranlagter Mensch. Daher fehlen Dinge wie Spülmaschine, Rasenmäher, Fahrräder etc., die Liste ist lang, doch die meisten Sachen, an denen das Herz hängt, kommen mit.

Beim Rest fehlt überall was, ich nenne es den „natürlichen Schwund", doch im Großen und Ganzen bekommen wir das meiste raus, sogar die Harley ist in einem Laster hinten versteckt, um durch die mannigfaltigen Straßensperren nach Tunesien zu gelangen. Dann will ein Lastereigner die Sachen in Tunis in ein Lager schaffen. Ja wie, mitten im immer noch aktuellen tunesischen Aufstand? Keine Chance, die Sachen werden in Nürnberg ausgeladen oder es gibt kein Geld. Ich hab echt geschwitzt, doch nach ziemlich Diskussion lassen sich alle darauf ein und die Laster fahren tatsächlich mit der Fähre von Tunis nach Genua und über die Alpen zu uns. Puuuh!

In Dubai für Karatschi

Die Anlieferung nimmt Henny in Empfang, denn ich bin schon wieder unterwegs. Anfang Mai steht der Regionalleiter Middle East vor mir und meint, er braucht mich nun dringend in Pakistan. Ich sag: „Jung, wir sind gerade aus Libyen geflohen und du willst uns nach Karatschi versetzen, wo sie derzeit im Schnitt vierzig Tote am Tag haben? Keine Chance und ohne Familie geh ich nicht, das weißt du!“ Nun ja, der Meister wäre nicht er selbst, wenn er ein Nein für ein Nein nähme, also einigen wir uns zwei Wochen später darauf, dass wir in Dubai wohnen und ich halt laufend fliege. Außerdem ist’s nur temporär und er sorgt für einen vernünftigen Anschlussjob. Gesagt, getan, hier muss ich eh dringend raus, bevor die Strafzettel überhand nehmen, also übernehme ich am 1.6.11 die Taskforce, Pakistan wieder auf die Beine zu helfen.

Was war passiert? Nun ja, in Pakistan haben wir eine alteingesessene Landesgesellschaft mit mehreren Fabriken am selben Standort. Arbeiter kosten nicht viel, jeder ist irgendwie verwandt, verschwägert oder gehört zumindest der gleichen Volksgruppe an. Da kommen Personalreduzierungs- und Kostensparmodelle nicht immer gut an, doch man ist ja erfindungsreich. Also kommen zu den rund 2000 Mann Belegschaft rund 1500 „Zeitarbeiter“ dazu. Blöd nur, wenn diese per Gesetz nach ein paar Jahren zu permanenten Arbeitnehmern erhoben werden und das Ganze explodiert, weil man Verluste schreibt.

Auf Deutsch, wir haben die gemeldete Mitarbeiterzahl über Nacht fast verdoppelt, doch schreiben Verluste – ohne glaubhafte Vision, dieses in absehbarer Zeit profitabel zu gestalten. Kommt nicht gut an und Meister Regionalleiter ist fuchsteufelswild! Er gibt mir eine Truppe interner Berater, die in Dubai bleiben, an die Hand und wir legen los.

Als Allererstes muss ich mir vor Ort das Ganze anschauen und mit den Menschen reden. Den altgedienten lokalen CEO und den jungen, cleveren, doch noch unerfahrenen lokalen CFO kenne ich gut aus diversen regionalen Meetings, da hört meine Erfahrung bezüglich Pakistan aber auch schon auf. Und es kommt gleich dick! Den Empfang am Flughafen beschreibe ich mal so:

Sicherheitschef (ehemals Armeemajor) mit Pistole sitzt neben mir im Auto. Vorne Fahrer und Uniformierter mit Gewehr daneben. Vor und hinter uns jeweils ein Pick-up mit je fünf bewaffneten Uniformen und los fährt der Konvoi! Endlich bin ich mal wichtig!

Ist wohl die beste Methode, unliebsame Besucher aus dem schönen, sicheren und ruhigen Deutschland gleich wieder loszuwerden. Na ja, im Hotel bitte ich ihn freundlich in eine ruhige Ecke und falte den Herrn erst mal massiv zusammen, was er eigentlich glaubt, mir so eine Show vorzuführen, die mich eher gefährdet als alles andere! Entweder er nimmt seinen Job von nun an ernst oder ich sorge für Ablösung. Ups, bleich, doch gefasst entscheidet er sich für Ersteres, wir haben keinerlei Probleme mehr und wer immer ihm den Auftrag gab, war gewarnt, dass Shows schlecht ankommen. Spart Zeit, die wir nicht haben!

Tags drauf marschiere ich ohne viel Federlesen einfach mal so und vor allem allein durch die Fabriken. Spätestens bei den Blechstanzern wird mir klar, wo das Problem liegt. Erst mal ist alles manuell und dadurch entsprechend gemütlich. Dann braucht es einen Mann, der das rohe Blech per Fuß anliefert, der Kapo stanzt und einer bringt es drei Meter weiter auf den nächsten Stapel.

Begründung: Blech an- und abliefern ist unter dem Niveau dessen, der stanzen kann! Nun weiß ich zumindest, wo die vielen Mitarbeiter herkommen.

Anfang August, nach Schuljahrbeendigung in Bayern, kommen die restlichen zwei- und vierbeinigen Vertreter der Familie ins inzwischen angemietete Haus in den Meadows, gefolgt von Dennis, der es rechtzeitig zur Ankunft der Möbel (einer muss ja arbeiten) und meinem Fünfzigsten schafft.

Henny hat sich was ganz Besonderes ausgedacht, um mich endlich loszuwerden. Sie schenkt mir nicht nur drei Monate Zeit, zu tun damit, was ich will (wohl wissend, dass ich diese die nächsten zehn Jahre wohl nicht einlösen kann), sondern auch noch einen Tandemfallschirmsprung über der Palme (künstliche Inseln vor der Küste). Spaß beiseite, beides ist der Hammer und sie war bei meinem Flug am selben Tag weit nervöser als ich. Doch der Sprung über der Palme mit dem Panorama der Dubai-Skyline unter mir ist wirklich unvergesslich.

Auch unsere Surya erlösen wir aus ihrer Not. Bei meiner ehemaligen indischen Buchhaltungschefin erging es ihr nicht gut. Sieben-Tage-Woche von frühmorgens bis spätnachts, null Ausgang, leben ohne Handy oder Fernseher in winzigem Zimmer ohne Fenster etc. Sie hat schwer abgenommen und ist kränklich, als sie ankommt, und so gut die Kollegin im Geschäft auch war, das vergesse ich ihr nicht! Schlicht unmenschlich und leider weit verbreitet in sehr vielen Ländern.

Dubai befindet sich in ständigem Wandel und das in kürzester Zeit. Wir waren nur zwei Jahre weg und erkennen manche Gegenden und vor allem deren Straßenführung kaum wieder. Henny landet einmal in Schardscha, am anderen Ende des Emirats, anstatt zuhause, nun ja, hat wohl den Kompass vergessen. Da wir nun nahe am Büro wohnen, ersetze ich das verschwundene Fahrrad und benutze nun dieses oder die Harley ins Büro. Beides ist in der Hauptverwaltung offensichtlich eher rar und schon ist der Ruf wieder ruiniert. Als ich dann anfange, das fünfstöckige Treppenhaus in der Mittagspause als Trainingsgrund zu benutzen (ansonsten ist Dubai nun mal flach), häufen sich die mitleidigen Blicke. Macht nix, ist der Ruf erst ruiniert, lebt sich's völlig ungeniert. Passt schon.

Wir schaffen es tatsächlich, und hier muss ich auch mal die internen Berater lobend erwähnen, wovor ich mich sonst ja drücke, Pakistans neuen Businessplan inklusive Abstimmung aller Beteiligten im Stammhaus, der Region, dem Land, der Gewerkschaften usw. bis Weihnachten erfolgreich auszuarbeiten und Phasenweise einzuführen – in knapp sechs Monaten –, war ein Marathon mit Sprinteinlagen. Ab Januar bin ich daher wieder allein unterwegs und betreue die vollständige Einführung des Plans in Pakistan (der ursprünglich blockierende CEO ist schon ersetzt) sowie natürlich immer noch diverse Aspekte in Libyen, vor allem die nun fällige Steuererklärung fürs Vorjahr, damit dies nicht wieder ab ins Chaos driftet nach all der Arbeit, sie aufzuräumen.

So kommt es, dass bei einem Treffen mit unserem libyschen Steuerberater (eigentlich der Tochter, da Papa Zalmat leider mittlerweile verstoben war) in Amman, Jordanien mal wieder das Telefon klingelt, diesmal das Handy, man geht ja mit der Zeit, nicht wahr?

„Herr Lübcke, Sie sind doch inzwischen frei, wir haben da ein Problem in Saudi-Arabien. Der Landes-CFO ist just in Ungnade gefallen, Sie bekommen den Job!“

Ups, das war mein oberster CFO der bei weitem größten Division aus Erlangen, ich habe ihn bisher nur einmal getroffen. Saudi-Arabien ist ein riesiges Volumen für uns, die Chance überhaupt, um die Karriere zu zementieren. Doch – es ist in Saudi-Arabien und nach dem, was ich dort mit diesen Menschen erlebt hatte, bekommen mich da keine zehn Pferde mehr hin. Überall sonst, da definitiv nicht!

Nur, wie sag ich's meinem Kinde bzw. Oberchef? Brauche ja nun tatsächlich einen Anschlussjob! Ich kann ja schon flott denken, wenn's denn sein muss, doch er hat die Pause am anderen Ende bestimmt registriert. Dass ich nicht gehen will, geht gar nicht, also fällt mir nichts Besseres ein, als ihm zu erklären, dass ich ja überall für die Firma hingehe, doch wie er wohl schon gehört hat, nur mit Familie. Und mein Herzblut Henny wird in Saudi-Arabien nach spätestens vierzehn Tagen entweder im Kalabusch (Knast) enden oder wieder ausfliegen. Keine Chance, dass sie dies mit ihrem Freiheitsdrang länger durchhält, so wie diese Herrschaften Ausländer in ihrem eigenen Land behandeln, doch wie gesagt: überall sonst! Daher vielen Dank für die Ehre, in Betracht gezogen zu werden, doch nein danke. Nun ist die Pause am anderen Ende der Leitung, doch ich hatte so das Gefühl, der Grund, warum er mich so überraschend direkt anrief, war, dass sie erstens Druck hatten und zweitens diese Antwort durch Überrumpelung zu verhindern versuchten.

Wie dem auch sei, die Arbeit wird weniger, ich lache wieder mehr (sehr zum Missbehagen manches führenden Kollegen) und um die „Zeit dazwischen“ auch wertvoll zu nutzen, schließe ich mich „Gulf for Good“ an, einer Truppe, die weltweit Kinderheime unterstützt und jedes Jahr eines im Rahmen einer Wandertour besucht. Zwei Drittel der Kosten gehen ins Heim, diesmal für einen Pool für behinderte Kinder nahe Peking. Rahmenprogramm: eine Woche wandern auf der chinesischen Mauer, meist weit weg vom normalen Tourismus.

Das Heim, lasse ich mir dort sagen, gibt es vor allem aufgrund der damals noch gültigen Ein-Kind-Politik in China. Dieses soll dann doch bitte ein nicht behindertes sein, daher landen andersgeartete öfter auf der Straße bzw. hier.

Die 26 Teilnehmer kommen aus der ganzen Golfregion und bevor es losgeht, muss erst mal für die Berge trainiert werden. Nur wie, hier im Flachland? Die Lösung hatte ich ja eigentlich schon vorweggenommen, doch im Treppenhaus eines 25-Stockwerke-Hotels kommt das natürlich viel besser. Marc kommt mit und am Schluss macht er zusammen mit dem Zweitschnellsten fünfmal hoch und runter – in der gleichen Zeit, in der ich es siebenmal durchhetze. Und das mit zehn Jahren!

Also laufen wir dann eines Tages mehr und weniger trainiert los, und zwar ausgerechnet an dem Tag, zu der Stunde und an dem Ort, an dem gerade der „Marathon on the Wall“ losgeht. Das geht bei mir nicht lange gut. Nach dem Zigsten, der unsere Gruppe im Laufschritt links liegen lässt, geht mir der Gaul durch und ich fange an zu joggen. Hoch in die Berge, den Jungs und der Mauer nach, bis sich diese an einem Turm teilt. Na gut, weiß nicht, in welche Richtung wir wollen, also halte ich an und sehe bald darauf unseren knapp dreißigjährigen Reiseleiter Joe komplett fertig einhächeln. Als er dann wieder zu Atem kommt und anfängt, mir zu erzählen, dass ich mich immer hinter ihm zu halten habe, sag ich: „Joe, damit wir die nächste Woche gut miteinander auskommen, gibt es eigentlich nur zwei Regeln: 1. Entweder du bist schneller als ich, dann folge ich; oder du sagst mir, an welcher Kreuzung ich auf euch warten bzw. umdrehen soll, um euch abzuholen. 2. Wo immer wir abends ankommen, wartet ein kaltes Bier!“ Wir werden beste Freunde und ein paarmal packt ihn der Ehrgeiz, kurzfristig!

An diesem Tag erklimmen wir noch die „Stairways to Heaven“ und so geht das die ganze Woche, morgens aus einem Dorf los von 200 bis 300 m auf 900 bis 1500 m, den ganzen Tag hoch und runter, oft auf sehr alten, unrestaurierten und überwachsenen Teilen der Mauer, mit unglaublichem Panorama und meist sagenhafter Ruhe, zumindest bei mir, da geschwindigkeitsbedingt meist allein unterwegs. Abends dann runter wie hungrige Löwen und durstige Kamele ins nächste Dorf usw. Es ist teils nicht nachvollziehbar, wie steil diese acht Meter hohe Mauer über die Berggrade geht und Jahrhunderte später immer noch steht, der Bau muss einiges an Menschen verschlungen haben. Viele der Strecken mache ich fast zweimal, da ich ständig hin- und herlaufe, die perfekte Auszeit. Muss sagen, super organisiert und mit der direkten Spende an die Kinder jeden Pfennig wert!

Kairo, Ägypten

Kaum zuhause in Dubai, ist kurz die CFO-Position in Indonesien im Gespräch (also nun doch wieder?), doch Ägypten macht das Rennen. Diesmal packe ich Henny gleich mit ein und eine Woche später sind wir auch schon auf Schul- und Haussuche im Rahmen einer sogenannten „Schnupperreise“ in Kairo, die ich hier das erste Mal in Anspruch nehme, ich weiß, es wird wieder spannend. Da ich ab 1.6. schon anfange, schicke ich Henny wieder heim zum Packen und bis die zwei im August dann kommen, mache ich einen auf Hotel auf der Insel Zamalek, inmitten der Stadt.

Mein Vorgänger war eigentlich mein direkter Chef in Dubai (Regional-CFO), der die diversen Firmen mit insgesamt eintausend Mann in Ägypten seit eineinhalb Jahren in Personalunion betreut, doch zeitgleich auch in Dubai abgelöst wird. Das Leiten mit der „Fernbedienung“ geht meist auf die Dauer nicht gut, hier ist es nicht anders.

Die Unsicherheit in Wirtschaft und Gesellschaft während der Militärregierung nach der Revolution von 2011 gegen Präsident Mubarak macht die Dinge nicht besser und die Wahl der Muslimbrüder und Präsident Mursis im Monat darauf ist definitiv ein Paukenschlag in die falsche Richtung, doch davon später.

Die Personalstruktur ist ähnlich wie in Pakistan, 50 % Eigen- und 50 % Fremdpersonal, oft ein Resultat von zu unflexiblen Arbeitsgesetzen. Hier ist zwar ein Großteil projektgebunden und wenigstens ist es gesetzeskonform, doch ob das wirklich das Ziel von Arbeiterschutzgesetzen sein sollte? Ich bezweifle dies.

Durch die Revolution sind wir zwar teils gebeutelt, doch insgesamt immer noch gut positiv, bis … ja, bis zwei Monate später der Starkstromanlagenbau explodiert, mein alter Verein, den ich in diversen Ländern schon betreut hatte. Immer die gleiche Geschichte; ewig lange Listen zum Abarbeiten, um Geld vom Kun-

den freizubekommen ohne die dafür nötigen Kostenrücklagen usw. usf.
Diverse andere bisher liegengebliebene Themen sowie Ramadan just über den Jahresschluss zementieren einen steinigen Anfang mit viel Potential nach oben. Dazu kommen revolutionsbedingt sehr hohe Außenstände, vor allem der Staatskunden. Ägypten verschuldet sich massiv u. a. in Katar und hat auch wegen komplett weggebrochenem Tourismus keine nennenswerten Einkünfte, was vor allem auch Ottonormalverbraucher trifft.

Es herrscht von Anfang an ein gespanntes Verhältnis mit der Regionalführung, das vor allem beim technischen Management von tiefem gegenseitigem Misstrauen geprägt ist, doch auch ich hole mir bezüglich mancher Entscheidungen im hektischen ersten Jahresschluss meine Rüffel ab.

Vor allem wird aus der Region heraus jedoch viel Politik gespielt. Es geht schon los damit, dass der Regional-CEO nach meiner Vorstellung bei unserem nichtmuslimischen ägyptischen Partner meint, dieser hätte ihn darauf angesprochen, ob ich Muslim sei, da ich schließlich Bart trage. Seine „Empfehlung“: Nimm den Bart ab. Keine Chance, mein Freund, und ich kam mit unserem Partner hervorragend aus! Dann ruft er mich eines Freitags, an seinem Wochenende, an, ich solle einem meiner Kaufleute verbieten, den Titel CFO in seinem „LinkedIn“-Portfolio zu benutzen. Na ja, er hat diesen Titel in einer unserer Unterfirmen nun mal und zwar aus rechtlichen Gründen. Haben wir nichts anderes zu tun? Doch genau da liegt das Problem, anscheinend nicht!

Privat leben wir im Westen außerhalb der Millionenstadt auf einem wächtergeschützten Golfplatz in frischer Wüstenbrise anstatt im Mief der Stadt. Sicherheit, Luft und Nähe zur Schule sind die Kriterien, goldrichtig, wie sich später herausstellt.

Auch hier hat Henny ruckzuck Anschluss und bald kristallisiert sich ein Kochverein heraus, genannt „Cucumbers“, der sich wöchentlich in einer der 26 Mitgliederküchen aus 16 Ländern trifft und uns mit Leckereien aus Ägypten, Sudan, Marokko, Italien, Frankreich, Indien, China, Mongolei usw. versorgt. Ein kulinarischer Querschnitt durch die ganze Welt und Partys satt. Die Harley, Hund, Katz und unser sonstiges Geraffel sind auch wieder dabei und ein guter Freund der Botschaft versorgt mich alsbald mit Weißbier, passt!

Marc fühlt sich auch wohl und ich fange an, mit ihm durch den Golfplatz zu joggen, macht sich sehr gut mit seinen elf Jahren.

Nur, an Zeit mangelt es mir massiv. Um sieben steht der Fahrer vor der Tür, E-Mails abarbeiten bis ins Büro und abends bin ich eher selten vor zehn zuhause. Durch die verschiedenen Wochenendstrukturen zwischen uns und Dubai bleibt auch von diesen nicht viel übrig, sich Land und Leute anzusehen, doch bei Besuch von Muttern, Dennis und Freunden geht's zumindest ans Rote Meer, eine Runde Tauchen. Selbst Volker (siehe Malaysia und Dubai) lässt sich blicken. Da Jörn aus Tripoli nun auch hier lebt (natürlich mit seiner BMW), sind auch ein paar Mopedtouren drin, doch an den oberen Nil schaffen wir es einfach nicht, ganz zum Unmut meiner besseren Hälfte.

Doch dafür gelingt es uns, ihren neuen Jeep Wrangler für einige ausgedehnte Wüstenwochenenden mit dem Jeep-Club für artgerechte Haltung in herrlichen Dünenlandschaften aus der Stadt zu entführen. Ausgerüstet mit jeder Menge Ersatzkanistern Sprit, Wasser und was zum Grillen auf der Ladefläche fetzen wir mit wenig Reifendruck durch die Wüste. Ich lerne mal wieder und speziell an den Dünen macht es auch mir altem Mopedknarz richtig Spaß. Da ich Zelt ablehne und draußen schlafe, bekomme ich das nächtliche Gewusel und Leben inklusive Wüstenfüchsen (Fennek), die an mir schnüffeln, voll mit. Herrlich!

Einmal sehe ich einen sich am Kopf kratzenden Mopedfahrer mit Karte am Straßenrand. Ich halte und es stellt sich heraus, er ist ein deutscher Berater auf Auszeit, der nicht nur meine Jungs für Pakistan 2011 kennt, sondern mit seiner 350er Maico über die Pyramiden und eine noch zu definierende Werkstatt Richtung Südafrika unterwegs ist. Mit den ersten beiden Themen plus Übernachtung bei uns kann ich dienen, wir haben eine gute Zeit!

Präsident Mursis Muslimbrüder konzentrieren sich von Anfang an vor allem auf eines: sich selbst. Man hat das Gefühl, der eigentlich zuerst wichtige Machtausbau hat weniger Priorität. Im Herbst höre ich schon die ersten Beschwerden über eingeforderte „Abgaben" für Lizenzen und versuche, lukrative Geschäfte und Ländereien zu übernehmen. Die hier zutage tretende Gier und Geschwindigkeit der aufkommenden Konflikte mit den „Opfern" dieses Wildwuchses sind dann auch schon der Anfang vom Ende dieser demokratischen Regierung. Funktioniert in diesen Ländern halt nun mal nicht!

Kurz vor Silvester knallt es dann auch schon. Über Nacht wird von der Zentralbank Geldumtausch praktisch eingefroren (nur gegen Beantragung für strategisch wichtige Güter) und Hedging gesperrt. Das ägyptische Pfund ist nur noch auf dem Schwarzmarkt umtauschbar und ansonsten eingefroren. Für mich als CFO eine Katastrophe, wir können kaum noch importieren, geschweige denn in Fremdwährung bezahlen, unseren Kunden geht es nicht anders.

Durch relativ großes lokales Geschäft und Sparmaßnahmen halten wir uns zwar ganz gut über Wasser, doch Arbeits- und Zeitaufwand steigen nochmals massiv und das Verhältnis mit Dubai sinkt in ungeahnte Tiefen. Statt Unterstützung in dieser Lage, für die wir schließlich nichts können, gibt es noch mehr Politik und von hinten fliegende Messer aus der CEO-Rille.

Die lokale Bevölkerung leidet am meisten, viele werden arbeitslos, Benzin geht aus, im Juni sind dann Stromausfälle durch nicht mehr gewartete und überalterte Kraftwerke sowie Spritmangel, doch auch vermutliche Sabotage an der Tagesordnung und die ersten Demonstrationen gehen los. In dieser Lage erhalten wir aus Dubai die Order, fast die Hälfte der Mannschaft, vor allem Fremdpersonal abzubauen. Mündlich natürlich! Unsere Argumente, dass dies ein vorübergehender Zustand ist und allein im Kraftwerksbau enormes Potential vorhanden ist sowie dass ein solcher Abbau vor allem unser lokales und gut funktionierendes Geschäft zerstört, zählen nicht. Die Firma ist damals seit über 115 Jahren in Ägypten, hat einen hervorragenden Ruf vor Ort und nun das? Ohne mich, ich weigere mich.

Anmerkung: 2015 bekommt die Firma hier einen 8-Mrd.-Euro-Auftrag in der Kraftwerkssparte, den größten Einzelauftrag, den wir bis dahin je erhalten hatten – auch weil wir uns nicht danebenbenommen haben, als es Ägypten schlecht ging!

Gegen Ende Juni verdichten sich die Demonstrationen und am 30., dem ersten Jahrestag der Mursi-Regierung, stehen viele Millionen Menschen auf den Straßen und demonstrieren für seine Absetzung. Die Muslimbrüder fangen an zu schießen und schon befinden wir uns wieder mitten in der schönsten Revolution! In Kairo konzentrieren sich die Unruhen vor allem wieder auf den Tahrirplatz, doch gekämpft wird überall und wir lassen unsere Leute erst mal zuhause. Ausländische Mitarbeiter, die in der Stadt leben, lade ich zu uns nach Hause ein, erst mal raus aus dem Moloch, bei uns ist alles bewacht, ruhig und wir grillen. Henny ist schließlich immer mit vollem Gefrierschrank ausgerüstet und ich mit Bier! Das beste Mittel, die Nerven derjenigen zu beruhigen, die dies das erste Mal mitmachen. Die Hütte ist voll, gute zwanzig Leute, als der Letzte erscheint: unser englischer Ex-Army-Sicherheitschef. Der kleine Marc macht auf, kennt ihn zwar noch nicht, doch drückt ihm erst mal ein Bier in die Hand. Er, gerade aus dem Chaos Kairo entflohen, ist komplett perplex, ein Bild für Götter! Doch die „Insel im Chaos“ hält nicht lange, die Wirklichkeit der Welt holt uns bald wieder ein.

Wir implementieren „Homeoffice“, wo es geht, haben auch zunächst Mühe, alle aus dem Büro in der Innenstadt zu verbannen.

Klar, Sicherheit geht vor, doch die Loyalität zur Aufgabe ist bei vielen stark. Die Unruhen ziehen sich hin und eines Tages, das Büro ist wieder voll, schießen Bruderschaftsanhänger vom Dach des Nebengebäudes auf inzwischen überall verteilte Soldaten. Wir hören das Hin-und-her-Geballer und schließen sofort alle im Büro ein. Stahlgitter runter, keiner raus oder rein! Ich kontrolliere die verschiedenen Stockwerke und was sehe ich? Drei Jungs, die am offenen Fenster rauchen und dem Schießen fröhlich zuschauen. Ich denke, man hat mich auf ebendieser Straße trotz Schießerei gehört.

Wie dem auch sei, nachdem Mursi abgesetzt ist, die letzten Nester der Muslimbrüder Wochen später aufgeräumt sind und der Staub sich setzt, gibt es zwar wieder regelmäßiger Strom und Benzin, doch die massive Überschuldung und der wirtschaftliche Kollaps sind nach wie vor Tatsache. Das zerrüttete Verhältnis mit der für uns zuständigen Regionalleitung auf der CEO-Seite ebenfalls.

Henny und Marc fliegen Mitte Juli nach Indonesien, wir wollen uns Anfang August über Kuala Lumpur auf Langkawi in Malaysia treffen. Im Juli ist dann auch klar, dass die Starkstromabteilung es nicht über den Berg geschafft hat. Im Gegenteil, es müssen weitere hohe Verluste für die Aufräumarbeiten der Vergangenheit gebucht werden. Die Regionalverwaltung der Division Energy hat die geschäftliche Verantwortung in unserer verworrenen „Clusterorganisation", doch in einem denkwürdigen Meeting versuchen sie es mir anzuhängen und daraufhin fliegen mal wieder Messer von hinten. Ich bekomme kurzfristig die Order, zwei Tage vor dem Urlaub in Dubai vorzutreten. Wütend erscheine ich mit meinem CEO, wir streiten und landen vor dem regionalen Personalabteilungschef, der uns eröffnet, es sei vielleicht Zeit, daran zu denken, ein neues Blatt im Leben zu beschreiben.

Diese unglaubliche Unverschämtheit, ich sah den Regional-CEO und ihn kurz vorher diskutieren und weiß, wo es herkommt.

Mein Partner ist da abgebrühter, doch mir stehen vor Wut und Enttäuschung die Tränen in den Augen. Ich war immer mit dem ganzen Herzen dabei, sonst hätte ich die Vergangenheit so nie durchziehen können, und nun das. Mein Fehler, zu emotional!

Nachts bin ich zurück in Kairo, morgens fliege ich von dort nach Malaysia und beantworte immer noch Mails auf dem Weg zum Flughafen.

Bei Muttern nach Flucht aus Libyen (oben)

Abschied von Fetz (unten, links) *Bärle, komm joggen! (unten, rechts)*

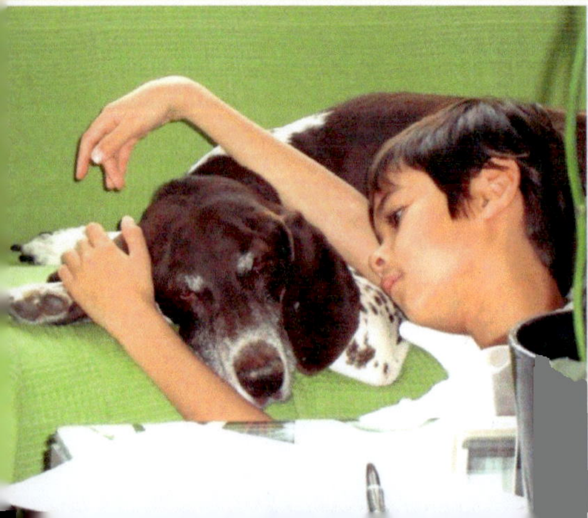

Chinesische Mauer (Bild oben)
Henny und Viola auf Besuch(Bild rechts)
Auf Wüstentour in Ägypten (Bild unten)

Auf dem Nil in Kairo (Bild links)

Das neue Blatt im Leben

Langkawi, eine Gruppe von 99 Inseln im Nordwesten Malaysias, hat uns schon Anfang der 2000er sehr gut gefallen. Immer warm, ruhig, voller Natur und von freundlichen Menschen bewohnt, wollen wir die Eignung zum Rentensitz ausloten. Plötzlich bekommt das auch durchaus Aktualität. Wir treffen uns in Kuala Lumpur und immer noch aufgewühlt kümmere ich mich nun als Erstes um einen Termin mit einem Agenten für das Rentenvisum. Der Auslöser ist eigentlich Henny, die mir am ersten Abend recht deutlich mitteilt, dass die Firma schnell einen Ersatz hat, sollte ich einen Herzinfarkt bekommen mit all dem Ärger, sie jedoch dann mit Marc allein dasteht.

Visa scheinen kein Problem zu sein, wir erfüllen alle Voraussetzungen (gräulicher Bart zwecks Altersnachweis inklusive) und können direkt ein Zehnjahresvisum beantragen. Gesagt, getan, bevor wir zwei Tage später nach Langkawi fliegen, ist alles auf die Bahn gesetzt. Kaum angekommen, treffen wir Peter aufgrund eines Straßenschildes mit der Aufschrift „Sea View Land, call Joe“. Na ja, der Josef war der Peter und wir verstehen uns mit ihm und seiner Frau Gin auf Anhieb. Aus der Schweiz und Singapur stammend, welterfahren und mit ähnlichem Geschmack, passt das schon.

Die beiden haben uralte Holzhäuser (Joglos und Limasan) aus Indonesien restauriert, importiert und in den Reisfeldern damit kleine Paradise geschaffen. Nein, zu heiß, windlos und zu viele Mücken für mich. Doch Grundstücke auf einem Berg direkt am Nationalpark, mit stetigem Wind und herrlicher Aussicht aufs Meer – ja, das ist es! Noch ohne jegliche Infrastruktur kraxeln wir den Waldweg zum Berg hoch und sind begeistert. Wir entscheiden uns für 2000 qm in Mittelhöhenlage, zwei Tage später ist der Vertrag fertig und ich sitze schon auf der Hotelveranda und zeichne erste Hausentwürfe, die von einer Architektin, die ich kurz darauf auch noch treffe, direkt verworfen werden. Na ja, jeder fängt mal an! Das Endziel ist damit zumindest klar!

Auch werde ich mir darüber klar, dass ich immer weniger in die immer mehr gewünschte Rolle des Landes-CFO passe. Im Sinne des Vieraugenprinzips (= zwei Unterschriften auf fast allem, einmal technisch und einmal kaufmännisch) bin ich immer gleichberechtigt aufgetreten. Den Drift, die kaufmännische Seite immer öfter mit Sachwaltern (z. B. Buchhaltern) zu besetzen, beobachte ich schon länger. Macher, die vor Auseinandersetzungen, solange die Sinn machen, nicht zurückscheuen, werden immer mehr als störend empfunden. Da ich mich diesbezüglich wohl nicht mehr ändern werde, geht das auf Dauer nicht gut.

Kaum zurück in Kairo, sitze ich Anfang September schon wieder in Dubai und eröffne meinem direkten Chef, dass eine vertrauensvolle Zusammenarbeit mit seinem technischen Kollegen nicht mehr möglich ist und ich daher um Versetzung nach Jahreswechsel bitte. Er ist natürlich vorgewarnt und hat wohl auch Verständnis für die Situation, denn er eröffnet mir, dass eine kurzfristige Versetzung auf eine verantwortungsvolle Position im Ausland wohl eher schwierig sei (was mir auch klar ist), doch die Firma sich gerade mal wieder in einer Personalabbauphase befindet und 30 % Prämie auf Ablösungen ausschreibt.

Ich bin ihm und meinen Chefs in Deutschland letztendlich sehr dankbar. Sie zeigen sich von der großzügigen Seite, wohl auch in Anerkennung der letzten ja eher spannenden Jahre, was mir nach reichlicher Überlegung den Abgang dann auch mit innerem Frieden und in finanzieller Sicherheit ermöglicht. So kommt es, dass ich zustimme, am 31.12.13 nach vierunddreißig Jahren bei der Firma im Alter von zweiundfünfzig Jahren aufzuhören, mich täglich mit über hundert Mails beschießen zu lassen!

Wie auch immer, nach so langer und intensiver Zeit verlässt man dann doch eine „Familie“ mit vielen weltweit geschlossenen und ans Herz gewachsenen Freundschaften, die zum großen Teil bis jetzt überdauern. Hilft nix, die Entscheidung ist getroffen, ich schaue vorwärts und es gibt noch viel zu tun.

Im Oktober ist klar, dass die Visa durch sind. Wir entschließen uns, erst mal nach Penang zu ziehen, zwecks guter internationaler Schulausbildung für Marc. Wie es der Zufall so will, haben gute Freunde (Su und Prabath, die Sri-Lanka-Vertreter aus Hennys „Cucumbers“) dort schon gelebt und unterstützen uns mit guten Tipps. Ich muss also nach Kuala Lumpur, Visa abholen, Bankkonto eröffnen und Einfuhrgenehmigung für die Harley bekommen (logo!). Dann nach Penang, Haus finden und mieten, Schule klarmachen und Einfuhrgenehmigung für Bärle aus Libyen und Floy, die Katze aus Dubai, besorgen.

Das alles in zehn Tagen verbliebener Urlaubszeit und da ich keine brennenden Brücken hinterlasse, hat das Geschäft in Kairo mindestens gleiche Priorität. Ein Nachfolger ist nicht in Sicht, also vereinbare ich mit meinem Chef, ihm den Laden am 7.1.14 zu übergeben, wenn er aus dem Urlaub kommt, und am 8. zu fliegen. Da bin ich schon nicht mehr angestellt. Sei’s drum, passt schon.

Obwohl wir zum Jahresschluss trotz Revolution, Währungsumtausch- und Hedgingstopp, erhöhter Abschreibungen auf noch enorme Schulden des Staates sowie der Verluste der Starkstromabteilung neben einem Rekordvolumen auch ein positives Ergebnis von rund 4 % hinlegen (das muss man erst mal schaffen!), legt mir unser allseits geliebter Regional-CEO zum Abschied noch ein Ei ins Nest, indem er die Gesellschafterversammlung auf meinen Abflugstag verlegt. Alles immer schön spannend halten, nicht wahr? Also, morgens Versammlung und Entlastung des vergangenen Geschäftsjahres, dann direkt zum Flughafen und weg! Screw them! Die Sonne fängt an zu scheinen!

Penang, Malaysia

Da seit nun fast einem Jahr das ägyptische Pfund privat weder getauscht noch überwiesen werden kann und wir auch noch zwei fast neue Autos verkaufen, kann man sich vorstellen, was ich nach einem Besuch auf dem Schwarzmarkt so in der Hosentasche habe, als ich durch Bukit Bintang in Kuala Lumpur zur Bank marschiere. Und das mehrere Tage lang, da es Höchstgrenzen für Bareinzahlungen gibt. Wie auch immer, ein paar Tage später ist alles in Kuala Lumpur erledigt und ich lande in Penang. Das Haus ist gleich das erste, das die Agentin und inzwischen gute Freundin T. T. mir zeigt. Ruhig gelegen, nahe der Schule und des Strandes mit vor allem chinesischen, deutschen und englischen Nachbarn. Ein Thema abgehakt.

Lee Ming, ehemalige Mitarbeiterin aus Kuala Lumpur und alte Freundin, lebt nun auch hier und gibt mir erst einmal ihr Auto zum Fahren (muss bewegt werden!). Cool, ich lebe in der leerstehenden Wohnung von Su und Prabath, habe ein Auto und fühle mich gleich zuhause. Essen ist hervorragend und billig, die Menschen freundlich, es gibt eigentlich alles, was das Herz begehrt, und ich bekomme alles im Eiltempo erledigt. Silvester wieder in Kairo, wird gepackt, dann „übergebe ich mich“ an meinen Chef und ab geht's, diesmal alle zusammen ins neue Heim.

Das Haus ist mal wieder nackt und leer, doch Küche und ein Kühlschrank sind da. Plastikmöbel, ein Fernseher und unsere altgedienten Luftmatratzen komplementieren die Erstausrüstung, Mietwagen ist gleich organisiert und – ja genau, es fehlt Essentielles! Nachbar und später guter Freund Falk kann helfen – so steht ein paar Tage später eine Kawa 650 Versys auf dem Hof, bis die Harley zwei Monate danach da ist, wat mutt, dat mutt!

Einschulung in der „Uplands“ (internationale Schule in Penang) geht flott vonstatten und auf die Frage an Marc, ob er weiter Französisch oder eher Chinesisch als zweite Fremdsprache lernen will, kommt ganz locker: „Na, schau dich doch mal um hier, Chinesisch natürlich!“ Na, das wird spannend, da er neben Englisch als Muttersprache und Deutsch, weil Vatter drauf beharrt, auch noch Bahasa Melayu (Malaiisch) aufgrund der Gesetzgebung für zwei Jahre lernen muss. Geht dann auch nicht wirklich lange gut, doch auch er ist nun angekommen.

Für Deutsch gibt es den „Deutschen Schulverein Penang“ für Muttersprachler, der mit je einer Lehrerkraft in zwei internationalen Schulen vertreten ist, um den meist zwischen dreißig und vierzig Kindern via Nachmittagsunterricht die Weiterbildung nach Rückkehr in Deutschland zu ermöglichen. Deren Eltern sind zum Großteil in die weidlich vertretene örtliche deutsche Industrie entsandt (Osram, Infineon, Bosch usw.) und es dauert nicht lange, da sitze ich auch schon im Vorstand. Da die Schulen gegen Kostenteilung mit ebendiesen Lehrern morgens Deutsch für alle anbieten können und wir die Schulgebäude nachmittags nutzen, hat jeder was davon, daher gibt es den Verein schon seit über zwanzig Jahren.

Überhaupt, Industrie! Penang ist das zweitgrößte Wirtschaftszentrum Malaysias und daher im Osten der Insel sowie dem gegenüberliegenden Festland voller solcher und dementsprechend geschäftig. Hat aber mit Georgetown auch einen sehr original und lieblich restaurierten Altstadtkern chinesischen Stils, mit Massen an kleinen Läden, in denen man fast alles findet, solange man Geduld zum Suchen mitbringt. Das Essen kommt aus vielen Kulturen (malaysisch, chinesisch, indisch, europäisch), ist hervorragend und sehr günstig.

Wir leben in einem Nest im Nordwesten (Batu Ferringhi) und damit weg vom Trubel, außer an Wochenenden, an denen der lange Strand und der Nachtmarkt an der einzigen Durchgangsstraße teils Massen an lokalen Touristen anlockt, vor allem an langen Wochenenden. Das gesamte Zentrum der Insel besteht aus größtenteils dichtem Urwald über eine Bergkette, die höchstens durch Wanderwege besucht werden kann. Perfekt für Marc und mich und natürlich die „Hash House Harriers“, denen wir uns hier auch gleich wieder anschließen.

Unser Haus ist ca. 600 m vom Meer entfernt, in einer sehr ruhigen Gegend gelegen mit hübschem kleinem Garten, Fischteich, Wasserfall und Pergola. Die Nachbarn sind fast alle nett und hilfsbereit, zu manchen entwickeln sich schnell Freundschaften, so fühlen wir uns mal wieder recht flott zuhause.

Dann kommen die Container. Einer von 40 Fuß und ein 20er marschieren durch die engen Straßen und blockieren erst mal alles. Die Nachbarn kommen aus dem Staunen kaum raus und Franky (heute guter Freund) meint lapidar: „Das alles bekommst du nie ins Haus.“ Ich schließe die erste Wette mit ihm für ein Bier ab und wir beginnen abzuladen. Was er nicht weiß, ist, dass ich die Räume ausgemessen und die Daten zumindest der großen Möbel dabei habe. So steht schon fest, wo was hinmuss. Ansonsten hätte er zumindest am Anfang wohl recht behalten, doch so verdiene ich mir ein Freibier. Hah!

Bärle hat auch gleich seinen Ruf weg, er passt im Garten genau auf, was die Packer da so machen. Als einer ein Fahrrad nicht ins Haus, sondern nach hinten in den Garten schieben will, kommt ein kurzes, doch prägnantes Knurren mit entsprechender Mimik und ich muss schieben. Das spricht sich sofort rum, bei uns wagt sich keiner mehr ungebeten rein. Außer … Fast fertig mit Auspacken, taucht Frankys bessere Hälfte plötzlich auf. Kommentarlos marschiert sie ins Haus, inspiziert alle drei Stockwerke, betrachtet mich von oben bis unten und meint mit starkem chinesischem Slang ganz trocken: „You rich, ah?“ (übersetzt: „Du reich, eh?“). Ich kann nur laut wiehern und das Bier von ihm hab ich mir nun wirklich verdient.

Ich verbuche es unter kultureller Vielfalt, doch es dauert ein paar Jahre, bis sie wirklich auftaut. Dafür ist die Harley nun wieder bei Papa und bald nach dem Einzug sind Marc und ich mit Falks Motorradclub unterwegs nach Phuket zum Songkran (Wasserfest). Als es anfängt zu regnen, meint er lapidar: „Fahr weiter, hört bald auf, dann trocknen wir eh wieder." Der Junge passt!

Doch davor muss natürlich die Bude noch vollends eingerichtet sein. Henny fällt durch zeitlich perfekt abgestimmte Meniskusoperation aus, daher packe ich diesmal auch alle Küchensachen aus. Plötzlich stimme ich Franky zu! Ich wusste wirklich nicht, was sie da so alles angesammelt hat und wohin damit. Doch wie der Regisseur auf seinem Klappstuhl dirigiert sie mich durch den Wust an Undefinierbarem und was immer ich entsorgen will, holt sie als unabdinglich wieder aus dem Müll und findet irgendwo ein Eck dafür. Es lebe meine Werkstatt, da weiß ich wenigstens, wofür der Gruscht da ist.

Im April wird's dann auch Zeit, sich ums leibliche Wohl zu kümmern. Ich hab zwar einige Kits im Umzug zum Weißbierbrauen mit, doch originales hat eine gewisse Anziehungskraft. Hier ist's teuer und wenn billiges Benediktiner gerade mal 120 km weiter nördlich auf Langkawi winkt, dann kommt eine Segeltour dahin wie gerufen. Lassen wir die Einzelheiten, doch wir laden vor Anker u. a. zwanzig Kästen und ein paar Fässer, das Boot taucht vorn tief ein, ups, umladen ist angesagt. Eine irre Wackelpartie, doch die Tour ist super und das Bier auch!

Nach ein paar Monaten fragt Henny mich, was mir aus dem alten Leben denn so fehlt. Von hundert auf null entschleunigen ist ja auch nicht zwingend für jeden leicht. Ganz ehrlich, eigentlich nur eines – keiner fragt mich mehr um Rat!

Doch da bin ich auch schon mit der Vorbereitung des nächsten Unfugs beschäftigt. Ich muss Hennys drei Monate (Geburtstagsgeschenk zum Fünfzigsten) ja noch einlösen. In Penang ist alles aufgesetzt und ich bin irgendwie immer noch unter Strom. Wann, wenn nicht jetzt?

Endlich Gas geben ...!

Was mir in der Sammlung fehlt, sind die Pole und Südamerika! Die Pole, nah, zu kalt fürs Mopedfah'n. Doch da war doch was mit massiv Kurven und tausenden von Kilometern Schotter – genau: die Anden und Patagonien. Ein Freund eines Freundes, Redakteur und Journalist in Kairo, hatte mir sein Buch über eine ARD-Fernsehdokumentation einer Mopedtour in den Anden geschenkt. Dortige Sprachen sind zwar alle „Spanisch“ für mich, doch wer braucht schon Sprache, solange er „Händ, Fiass un a Goschen“ hat?

Das war's, ich mach mich per Google Earth an die Planung. Mittendrin werde ich allerdings ein wenig „eingepfercht“. Henny bekommt plötzlich Zweifel und definiert „Eckpfeiler“: kein Kolumbien, nicht allein und nach exakt neunzig Tagen Landung in Penang! Mei, sie kennt mich einfach viel zu gut, wo ich gerade doch so in der Schwungmasse bin!

Also gut, eigentlich will ich meinen alten Chef und Freund Hans-Peter, derzeit in Bogota, besuchen und dann los – um des guten Friedens willen hiermit vom Tisch. Fein, dann starten wir halt von Ecuador, wofür ich Jörn, Mopedkumpel und Freund aus Tripoli und Kairo, begeistern kann. Der Junge weiß, wie man zwei Räder bewegt, und zwei Wochen Urlaub gehen dann schon, das passt.

Bei der Suche nach Mopeds in Peru stoße ich auf einen Veranstalter und Vermieter in Arequipa, im Süden des langgezogenen Landes. Mit Lars, dem Eigentümer, vereinbare ich, dass er eine BMW 800 GS nach Lima bringen lässt, damit ich erst nach Norden und dann über die Anden gen Süden düsen kann, wo ich dann eine Gruppe mit ihm als Führer treffe, um weiter über Bolivien, Argentinien und Chile nach Ushuaia auf Feuerland zu fahren.

Vorteil: Henny lässt sich überzeugen, dass ich alles tat, um Kondition Nr. 2 zu erfüllen, und – ab Arequipa fährt das Gepäck im Auto mit, daher kann ich auf eine 650er Suzi Einzylinder mit nur 145 kg für die Schotterstraßen Patagoniens wechseln. Perfekt! Nachteil: Ich liebe meine Unabhängigkeit nun mal!

Doch – die wilden hohen Anden im Norden Perus gehören mir allein!

Nun ja, bis ich Ende Oktober fliege, steht der Plan minutiös und das Wiedersehen mit Jörn wird in Quito entsprechend gefeiert. Dort treffen wir dann auch gleich eine alte Bekannte aus Tripoli, die inzwischen bei der hiesigen deutschen Botschaft arbeitet. Die Welt ist halt immer noch klein!

Tags drauf klettere ich gleich mal auf den 4700 m hohen „Hausberg“ der rund 3000 m hohen Hauptstadt Ecuadors und sehe mein erstes Lama. Und wen treffe ich dort oben? Zwei Jungs aus Kasachstan, ausgerechnet! Die Welt ist … Ja, ja! Test bestanden, keine Höhenkrankheit ist sichtbar am glasklaren Horizont. Wir knattern gleich zu Anfang in den vernebelten Regenwald Richtung Norden, wo ich im Regen auf Lehm die erste Erinnerung daran bekomme, dass es vielleicht gar nicht so schlecht ist, zu zweit zu sein, falls der Lehm bei der wenig vorhandenen Traktion Sieger bleibt.

Am Pazifik angekommen, spinnt meine Triumph nur noch, Flachland scheint sie nicht zu mögen. Kein Problem, leckeres selbstgebrautes Bier eines deutschen Braumeisters am Strand hilft über die Wartezeit hinweg und am nächsten Abend ist nach deftiger Beschwerde eine BMW 700 GS aus Quito angekommen. Es geht weiter südlich wieder über die Berge in den Amazonasdschungel. Herrliche Landschaften und von Halbwüsten am Pazifik über Sechstausender bis zum dichten Dschungel im Amazonas inklusive tausender von Kurven ist alles dabei, was das Herz begehrt.

Wieder in Quito, verabschiedet sich Jörn nach Kairo und ich lande kurz darauf in Lima, wo ich vor Ankunft der 800er BMW GS das wahnsinnig interessante Privatmuseum des Don Nicolini besuche, der es sich nicht nehmen lässt, mir persönlich seine ca. 150 Autos inklusive Werkstatt zu zeigen. Vom angeblich einzigen noch erhaltenen 1915er Wanderer Tandem über Pierce Arrows, Stutz, Cord usw., alles Familienerbstücke oder zumindest aus Peru stammende Preziosen.

Aus dem Moloch Lima raus und auf der Panamericana Richtung Norden, gebe ich erst mal Gas, und zwar so begeistert und lang, bis ich irgendwann feststelle, das da fast keines mehr im Tank ist und ich die Abzweigung meines minutiösen Plans lange verpasst habe. Mit wirklich nur noch „Gas" im Tank schaffe ich es gerade noch in eine endlich auftauchende Tankstelle. Dort schnalle ich erst mal einen 10-Liter-„Zusatztank" ans Moped und treffe einen netten Amerikaner aus der Gegend, der mir ein herrliches Nest am Strand nahe Trujillo empfiehlt. Na gut, jeder minutiöse Plan ist so gut, wie er flexibel ist, also alles über Bord und weiter. Gute Entscheidung!

Kurz ausgeführt sind die nördlichen hohen Anden Perus über die alte Inka-Trutzburg „Kuelap" in Richtung Süden bis Ayacucho ein absolutes Paradies für kurvensüchtige, Einsamkeit, Natur und spektakuläre Aussichten suchende Mopedfahrer.

Doch bitte nur mit einigem an Erfahrung!!!

Ich nehme jeden kleinen Pass, den ich auf der Karte entdecken kann, mit, ständig zwischen Pazifik- und Amazonasseite wechselnd. Teer löst sich mit viel Schotter ab. Extreme Steigungen und vor allem deren 180-Grad-Nadelkurven sind entweder durchlöchert, halb zerstört oder gleich mit Schotter und Staub gesegnet. Es geht oft zwischen 3000 und knapp 5000 m auf wagenbreiten Pisten ohne Geländer am senkrechten Abhang entlang, Übernachtung gibt's sporadisch und sehr rudimentär in angeklebten Nestern. Sprit ist ebenfalls rar, doch eines ist unvergleichlich: die unglaublich klare Sicht auf den nächsten Pass und die Temperaturunterschiede, z. B. von 7 Grad auf 3600 m zu 37 Grad im Tal auf 800 m zurück zu 7 Grad am nächsten Pass knapp fünf Stunden später.

Einmal fahre ich eine enge Schlucht Richtung Pazifik runter, weil mir der Sprit einfach ausgeht. Der Westwind fegt vom Meer kommend die Schlucht hoch und als ich eine der einspurigen Holzbrücken überquere und dadurch quer zum Wind fahre, passiert es: Eine

Bö erfasst mich und die einzige Chance, nicht abzufliegen, ist, sich blitzschnell in die Mitte der Brücke zu legen. Das Moped mit Klamotten, Teilen, Werkzeug, Wasser, Sprit (solange vorhanden) und mir wiegt ca. 450 kg.

Da heißt es erst mal alles abbauen, was möglich ist, aufstellen und dann wieder zusammenschrauben. Wäre mir ein Sturz auf den steilen Bergpassagen auf Schotter ins Hochgebirge passiert, bezweifle ich, dass ich Hänfling es alleine geschafft hätte, doch ansonsten kommt da äußerst selten jemand vorbei!

Es kennt auch kaum einer selbst das nächste Tal oder die Straßenverhältnisse dahin. Sprachlich behindert hätte es mir eh nicht wirklich geholfen, Straßenschilder sind unnötiger Luxus, so ist jeder Morgen ein Start ins Ungewisse nach mangelhafter Karte und Kompass, doch verdammt nochmal – ich genieße jeden Morgen und jede Kurve mehr, wobei ich mich Dutzende Male verfahre, was in diesen Bergen durchaus lange Strecken bedeuten kann.

In den knapp vier Wochen allein, ohne Ansprechpartner und mit täglicher Herausforderung, die mich voll ausfüllt, finde ich so langsam zu mir selbst. Extrem dankbar über Hennys drei Monate und die Möglichkeit, dies in meinem Leben erfahren zu können und dürfen, schwinden die letzten Zweifel über den abrupten Abgang aus dem aktiven hektischen Geschäftsleben. Ich bewerbe mich zwar, anfangs mit Unterstützung eines Personalberaters, bis 2016 noch um Interim-Managementjobs in Asien (dachte, bin doch noch zu jung, um total aufzuhören), doch hier realisiere ich: wenn's läuft, gut, wenn nicht, auch gut!

Irgendwie bekommt Henny meinen relaxten Zustand mit, wir sind in Kontakt über WhatsApp und täglichen Fotoreport über Instagram. So kommt es, dass sie mir am Tag vor Weihnachten die Ankunft eines neuen Familienmitglieds beichtet. „Bugsy", seines Zeichens Findelkind (bzw. -hund) aus einem Abflussgraben, ist bereits adoptiert. Klar, mein Schatz, schöne Weihnachten!

In Paracas, einem Vogelparadies südlich von Lima am Pazifik, treffe ich schließlich auf die Truppe mit Lars. Ab da läuft es ähnlich wie damals an der Chinesischen Mauer mit Joe. Wer mithält, ist willkommen, ansonsten machen wir einen Treffpunkt aus oder ich fahre besonders schöne Kurvenstrecken zurück, um nochmals anzugreifen und trotzdem nicht als Letzter anzukommen. Zumindest schläft Henny am anderen Ende der Welt nun wieder besser.

Über Cusco, Machu Picchu und den Titicacasee landen wir in Arequipa, wo ich die leichte 650er Suzi in Empfang nehme und neue Leute dazustoßen. Ein Kanadier mit selbstfahrender Ehefrau, eigentlich ganz okay, die beiden, fragt mich gleich zu Anfang, warum ich Suzi fahre, ob ich mir BMWs nicht leisten könne. Ich lache lauthals und frage ihn wiederum, ob er weiß, worauf er sich da gerade einlässt.

Das spornt ihn enorm an. Endlich einer, der mit seiner 800er BMW halbwegs meiner 650er Suzi folgen kann. Es endet darin, dass sich beide später auf die Nase legen, sie leider im Schotter und mit gebrochenen Rippen, doch sie ist zäh, Hut ab! Wir rauschen über Bolivien, die Death Road, die Potosi-Minen und den Uyuni-Salzsee (auf 3000 m Höhe!) nach Argentinien, wo in Mendoza Simon, unser Rumäne, dazustößt. Endlich ein Partner zum Fetzen. Gegen mich ein Bär von Mann auf seiner Suzi, gehen in den ersten Stunden so 80 bis 100 auf Schotter. Dann dreht der auf und ich fange an zu lernen – da geht noch was! Ich versuche am Anfang dranzubleiben, um zu sehen, was geht und wie. Ein paar Tage später holt er mich nicht mehr ein. Bis zu 140 auf Schotter, mehr gibt die Suzi nicht her.

Wir wechseln mehrfach durch herrliche Landschaften von Argentinien nach Chile und zurück, teils an Grenzstationen, die so isoliert sind, dass unsere Gruppe die Wochenbilanz verdoppelt. Nach fast 19 000 km in Südamerika lande ich Ende Januar 15 in Ushuaia auf Feuerland und hier kommt Hennys Voraussicht, wenn's um mich geht, in Eckpunkt Nr. 3 voll zum Tragen. Hätte ich ihr nicht Stein und Bein geschworen, nach neunzig Tagen wieder zuhause zu sein, wär ich direkt umgekehrt und nach Alaska gefahren. Mei, fiel mir das schwer, vom Hobel runter ins Flugzeug für die insgesamt 78 Stunden Rückreise zu steigen!

Wie auch immer, es ist für mich bis heute die beeindruckendste Erfahrung gewesen und ich bin saufroh, dass ich mich getraut hab und es machen konnte!

Nixtun fällt schwer, also häng ich mich in die Interim-Management-Geschichte rein, nicht sehr erfolgreich, zugegeben. Da ist es schon wesentlich produktiver, die Hausplanung für Langkawi abzuschließen und schon mal alle Bäume sowie Palmen gemäß Planung zu pflanzen.

Anfang 16 übernehme ich dann noch die Präsidentschaft des „Deutschen Schulvereins“, wir unternehmen viel – doch es wird zu ruhig, ich werde nervös. Was bietet sich da besser an, als mal wieder zu fetzen. Mein Vernunftsbolzen zuhause merkt's, doch beharrt auf mindestens einem, der mitkommt. Na gut, den einen hab ich schnell im Visier, nur Falk kann wirklich mithalten, mehr als einen will ich auch nicht, sorry. Da der sich gerade eh mit nem Motorradverleih und Tourorganisation selbständig machen will, ist der Zweiradfreak gleich Feuer und Flamme, als er die Worte Nordthailand, Kambodscha und Laos in den Gehörgang gequetscht bekommt.

Gesagt, getan, diesmal mit relativ wenig Vorbereitung, meinen alten Karten aus 98 und einem ans Moped geschnallten Ersatzkanister Sprit (man lernt ja!) ziehen wir Anfang 17 los. Da die 650er Versys in Thailand zusammengeschraubt wird und Mechaniker sowie E-Teile zumindest dort zu haben sind, kaufe ich mir noch schnell eine gute gebrauchte mit Koffern, somit sind wir gleich ausgerüstet. Nach den ersten 2000 km sitzen wir in einem Zollbüro an der kambodschanischen Grenze und die durchaus zuvorkommenden Damen erklären uns bei heißem Tee, dass wir doch bitte per Bus ins 400 km entfernte Phnom Penh fahren sollen, um uns dort einen Fahrzeugpass für die Mopeds zu besorgen. Dann können wir gerne rein.

Riiiight! Nach der vierten Tasse Tee und ohne dass wir Anstalten machen, die angenehme Gegenwart der Damen zu verlassen, einigen wir uns auf den Kompromiss, dass wir auf eigenes Risiko reinkönnen, doch wir müssen über diese Grenze auch wieder raus! Klar doch, vielen Dank für den Tee und bis bald!

Hach, wenn das Kurzzeitgedächtnis alter Männer einfach nur besser funktionieren würde. Irgendwie ging der Teil mit der gleichen Grenze schon bei Abfahrt wieder verloren. Auf jeden Fall finden wir uns bald in Angkor Wat wieder und ich bin total geschockt. Schiere Massen an Chinesen in riesigen Bussen, die in langen Schlangen anstehen, damit jeder permanent seine eigene Visage mit unterschiedlichen Steinen im Hintergrund fotografieren kann, wälzen sich über die von Sohlen glattpolierten antiken Stätten, die 96, als ich mit Henny hier war, so herrlich ursprünglich und überwachsen im fast einsamen Urwald beeindruckten. Bloß weg hier.

Die äußeren Tempel Richtung Norden sind angenehmer, doch die Landschaft ist erschreckend trist, häufig gerodet oder abgebrannt ohne erkennbaren Sinn oder landwirtschaftliche Nutzung. Die 50 km zwischen letzter Mekongbrücke und der einzigen Grenze nach Laos bestehen aus löchrigem Schotter, nur um plötzlich in einer vollkommen überdimensionierten Grenzstation zu enden.

Rechts ein gut 150 m langes Gebäude, innen riesig hoch und fast leer. Links drei überdachte, 150 m lange breite Spuren, die locker Doppeldeckerbusse durchlassen könnten. Ich fahr frech ganz nach vorn ans Ende des Gebäudes, wo uns dann leider einer stoppt. Na gut, wir stellen die Mopeds ab und laufen wieder hinter zu einem einsamen Schreibtisch in dem riesigen Gewölbe, von wo uns der einzige Beamte vor Passabstempeln durch den Bau wieder fast nach vorn zum Zoll scheucht. Ich sehe niemand anderen in dem ganzen Palast. Doch als ich schon fast die Glastür zum Zollkabuff erreicht habe, drängt sich plötzlich ein anderer Europäer vor. Dödel! Als ich dann den Zollbeamten im Kabuff laufend den Kopf schütteln sehe, fasse ich einen Entschluss: Wir marschieren zurück zum Passbeamten, der uns, beschäftigt mit seinem Handy, nun doch den Pass abstempelt. Dann wieder vor, stramm am noch kopfschüttelnden Zoll vorbei, raus aus dem Palast und auf die Mopeds. Abgestimmt schmeißen wir die Kisten an und geben Gas. Falk meinte, er hätte den Zollbeamten noch gesehen, wie der das Fenster aufreißen will, doch wir sind schon unterwegs und knattern am letzten Posten vorbei in die Freiheit des Niemandslandes. Danke dem Dödel!

Laos ist dagegen herrlich, zwei Dollar Einreisegebühr für die Mopeds, ein wenig für uns selbst und schon sind wir auf dem Weg zu den „4000 Inseln" im Mekong, die allein schon eine Reise wert sind. Sehr relaxt, das Ganze! Nach meinen Uraltkarten fahren wir an der Grenze zu Vietnam entlang, dem alten „Ho-Chi-Minh-Pfad" gen Norden folgend. Super Landschaft, rudimentär geflickte Straßen oder gleich Schotter (diesmal lernt Falk!) und überall alte Flak, Geschosshülsen und zu Booten umgebaute Zusatztanks amerikanischer Flieger. Die Menschen sind hier extrem arm, eher zurückhaltend und Vorsicht ist vermutlich der beste Ratgeber. Selbst noch aktive Minenräumer treffen wir.

Doch wir werden andererseits bei einer Dorfdurchfahrt auch von künftigem Schwiegervater zur Hochzeitsfeier eingeladen. Extrem gut drauf und Lao-Bier morgens um elf, na denn prost! Passt schon, in hervorragender Laune fahren wir weiter Richtung Westen bis Muang Xay (Kleinstadt), wo's dann nach Norden Richtung China geht. Nach meiner alten Karte ist die Strecke fast unbefahrbar und mit vielen Warnungen versehen. Und was entdecken wir? Am Anfang scheint die Beschreibung noch zu passen, doch je weiter wir gen Norden kommen, desto mehr China schlägt durch. Angefangen mit gerodeten Hängen (Holz für China) über Bananenplantagen (Bananen wachsen schon in Plastiktüten für China) bis hin zur plötzlich auftauchenden und komplett leeren breiten Betontrasse bis an die nördlichste Grenze (ich behaupte für Chinas Panzer) ist alles da und wird gekrönt vom letzten Ort, ca. 50 km vor ebendieser Grenze, der alle Preise in Renminbi ausgeschrieben hat.

Es geht zurück über Luang Prabang, Vang Vieng und dann nach Chiang Rai in Nordthailand für Reparaturen an Falks Moped, den ich in Laos in einer Kurve plötzlich aus dem Rückspiegel verschwinden sehe.

Ich schaue, weil mir fast dasselbe passiert wär. Völlig überladene, oft chinesische Laster kühlen hier ihre Bremsen mit Wasser, genau da, wo wir auch einbremsen in die Kurve. Sauber! Auf jeden Fall kommen wir ansonsten unzerfleddert nach phantastisch zu fahrendem Nordthailand mit Kurven bis zum Erbrechen nach sieben Wochen und gut 14 000 km wieder in Penang an. Was eine Tour, macht Lust auf mehr!

Die Gelegenheit kommt prompt im Sommer drauf, auf Besuch in Surabaya, bei Hennys Familie. Ich schnappe mir Marc und wir fahren mit ner 150er des Schwiegersohns bis Yogyakarta in Mitteljava und zurück, was ich dann allein mit einem Bali-Rundtrip und Besuch bei alten Freunden aus Jakarta kröne. Dort sehe ich auch meine alte BMW F 650 wieder, die ich aus Kuala Lumpur nach Jakarta geschmuggelt hatte. Matthias brachte sie nach Bali und sie ist super in Schuss!

Im November 17 passiert es dann. Vermutlich durch Grabungen weiter unten rutscht ein Teil unseres Geländes im Dauerregen auf Langkawi ab. Ich will schon aufgeben, da kommen Gin und Peter mit dem Vorschlag, das Gelände zu tauschen, es ist weiter oben noch was frei. Jeder Plan ist so gut, wie er flexibel ist, nicht wahr! Also gut, es wird getauscht. Ich bin den beiden sehr dankbar dafür und fange direkt an, den Hausplan dem neuen Gelände anzupassen und nebenbei Küchen für Peters andere Hausprojekte zu entwerfen. Öfter mal was Neues. Zum Schluss werden es elf Küchen, inklusive unserer eigenen!

Nach der Regenzeit, Anfang Februar, hält mich dennoch erst mal nichts mehr. Blut geleckt hab ich! Also wieder auf nach Nordthailand, die Straßen sind der Hammer und es gibt noch viel zu entdecken. Diesmal lässt Henny mich alleine von der Leine (meint sie, ich sei nun endlich erwachsen genug?) und die 650er kann ihr ganzes Potential in die Waagschale werfen. Was sie auch macht, hat eh keine andere Chance! Nach knapp vier Wochen hab ich da oben alles abgegrast, was da ist, und mir gehen schlicht neue Berge und damit Kurven aus. Es war phantastisch und eigentlich hatte ich ja sechs geplant, doch genau vier Wochen und rund 11 000 km nach Abfahrt schlage ich wieder auf dem Heimathof auf.

Doch klar, der Hintern und die graue Masse zwischen den Ohren sind noch im „Fahrmode“, heißt eigentlich noch in Bewegung. Was tun? Ah, genau! Da gibt es doch die „Iron Butt“-Bewegung! Das sind Verrückte die sich einbilden, 1000 Meilen in weniger als 24 Stunden unter die Räder bringen zu müssen.

1610 km in 24 Stunden? Genau das Richtige für meinen Allerwertesten! Aber wenn schon, dann mit Stil! Also muss die Harley ran. Falk hat inzwischen auch eine (aus Kuwait stammend) und ist sofort wieder mit dabei.

Morgens um vier geht’s los und wir donnern einmal rund um Malaysia, wo möglich auf Landstraßen, mag keine Autobahn. Bei Muar im Süden gibt’s dann jedoch keine Chance mehr. Bei Sonnenuntergang rauschen wir auf die Autobahn, wieder Richtung Norden, Falk vorne, da ich schneller bin. Ich muss sagen, Pink Floyd in den Ohrwatscheln, sein und mein Gedonner als Untermalung, da macht selbst die Autobahn Spaß! Ziemlich genau um 2 Uhr nachts, nach 22 Stunden und 1629 km, knattern wir auf den heimischen Hof, wo unsere zwei Holden mit je einem Weißbier warten! Aaah! Selten so gut geschmeckt!

Langkawi

Doch genug gespielt, der Ernst des Lebens und das bislang letzte Abenteuer rufen!

Hab noch nie ein Haus gebaut im Leben, doch ich meine es ernst, dieses wird selbst gestrickt. Also miete ich mich im Mai 18 für einen Monat neben Peters Domizil auf Langkawi ein und betreibe Detailplanung. Es gibt verdammt viel zu lernen, sowohl über Statik, Material, Verfügbarkeiten als auch das Planungsprogramm selbst. Ich hänge mich voll rein, rede mit allen möglichen Menschen, finde Materialquellen in ganz Malaysia (Langkawi ist da eher minderbemittelt) und eine Mannschaft aus Indonesien, die mir hilft, das Haus zu bauen. Deren Chef ist so mein Alter, sehr erfahren, doch spricht kein Wort Englisch. Also übersetzt sein dreiundzwanzigjähriger Sohn, was ich nicht verstehe, und gemeinsam setzen wir die Wandstärken, Eisenarmierungen etc. fest. José, ein Spanier, der zufällig mit Familie gegenüber wohnt, da sein 66-Fuß-Katamaran in Reparatur ist, bringt mir die Tricks im 3D-Planungssystem bei und Peter zeigt mir, wo ich was auf Langkawi bekomme.

Doch gescheite Fenster und Türen finde ich erst später auf Penang und das Dachholz sowie die Holzpfeiler kosten mich fast fünf Monate Suche, bis ich die knapp zwanzig Tonnen Hartholz in einer Sägemühle in Taiping (Zentralmalaysia) ausmache. Die Ziegel aus Johor im Süden des Landes runden die Beschaffung der großen Themen ab und Ende Oktober finde ich mich in meinem „Schlafbüro“, einem kleinen, ruhigen Raum mit großer Terrasse direkt am Strand, wieder.

Marc und Henny sind wieder zurück in Penang und ich pflanze erst mal 2100 Vetiver-Grasbüschel auf dem Abhang. Deren vier Meter tiefe Wurzeln sind eine hervorragende Hangsicherung. Die Kawa mutiert vom „Reisepackesel“ zum „Baumaultier“ und transportiert alles, was gerade noch draufpasst. Logistik ist auf dem

Berg die größte Herausforderung. Der Bauplatz auf 190 m Höhe und die recht steile, meist einspurige Strecke nach oben motivieren Laster- und Betonmischerfahrer zum Streiken. Oft muss ich erst mit den Chefs hochfahren, damit der Rest überzeugt wird. Es gibt auch Unfälle, die zum Glück alle gutgehen, sich jedoch herumsprechen. Nicht gut!

Für das Holz brauchen wir einen ganzen Tag. Unten je eine Tonne umladen, mit kleinem Laster hoch und oben von Hand ausladen. Zwanzig Tonnen! Knochenarbeit. Kein Strom und selbst Wasser kommt in Lastern hoch, da die Pumpanlage am Anfang noch nicht läuft. Wie auch immer, allein schon die Aussicht entschädigt für alle Mühen und im Februar 20 ist alles fertig – wir ziehen um.

Da Marc sich kurz davor entschlossen hat, die Schule für eine Schreinerlehre in Deutschland zu tauschen, gibt es keinen Grund mehr, in Penang zu bleiben. Im Nachhinein ein unglaublicher Glücksfall für Henny und mich, da ab Mitte März alles im COVID-Lockdown versinkt, doch Marc hat's aus genau dem gleichen Grund übel erwischt. Plötzlich sitzt er bei Oma in Heilbronn und kann sich weder bewegen noch neue Freunde finden noch ernsthaft eine Lehre suchen, und das mit neunzehn! Sie kann sich um ihn kümmern, wie sie will, erhoffte Freiheit sieht anders aus. Na ja, im August findet er dann doch noch was und zieht bei Bruder Dennis in Augsburg ein. Doch bis er sein Gleichgewicht wiederfindet, wird's erst mal steinig und er wird, wie so viele andere in dieser Zeit des Stillstands, ein Jahr verlieren. Für beide eine harte Zeit, doch was uns nicht umbringt, macht uns schlicht härter und um eine Erfahrung reicher! Die Welt ist groß, also Kopf hoch und rein ins Gewusel des Lebens!

Mit Jörn in Ecuador am Pazifik (Bild links)

In Peru auf fast 5000 m (Bild, Mitte links)

Glücklich verbuscht (Grenze Chile–Argentinien) (Bild, Mitte rechts)

Grenze Chile–Bolivien auf 4000 m. (Bild unten)

Mit Falk in Kambodscha (Bild rechts)

Bärle und mein „Packesel“ nach Thailand (Bild; Mitte links)

Über diese Brücke sollst du fahren / 650er Versys in Laos (Bild, Mitte rechts)

Angekommen! / Langkawi 2022 (Bild rechts

Wer rastet, der rostet!

Wir nisten uns mittlerweile auf unserem Berg ein, genießen die Ruhe, Natur sowie zollfreies Weißbier und beobachten mit gesundem Abstand, was da unten so vor sich geht im neuen COVID-

Zeitalter.

Doch auch an uns läuft das Leben natürlich nicht schadlos vorbei. Während unser Marc in Deutschland kämpft, kämpft mein Schatz mit Brustkrebs (bisher alles wieder gut), doch wir lassen uns nicht unterkriegen und nehmen nach der OP in Penang gleich auch noch „Lucky" mit nach Hause. Eine Pointermischung aus dem Tierheim, stürmt sie voller Energie in unser Leben und wir sind alle „lucky", es überstanden zu haben!

Nun, mit sechzig, befinde ich mich das erste Mal an einem Fleck, von dem aus der Horizont nicht grundsätzlich „grüner" aussieht.

Muss am Alter liegen … Doch – passt schon. Schauen wir mal, wie lange dieser Zustand anhält, grins!

Auf jeden Fall möchte ich keinen Tag bisher missen. Gut wie schlecht empfand ich das Leben vor allem immer als spannend und mit Herausforderungen sowie viel Spaß an der Sache gesegnet. Henny, mein Schatz, macht alles mit und ohne sie wär wohl einiges anders gelaufen. Doch das Wichtigste in meinen unbedarften Augen ist: immer nach vorn sehen, gestern kannst du nicht mehr ändern. Nie aufgeben, gesunde Sturheit an den Tag legen, doch flexibel bleiben und vor allem: nie den Spaß dabei vergessen – man lebt nur einmal. Gelle?